# 台味飄撇

Tâi bī phiau phiat

·食好料的所在·

鄭順聰 著

# 目次

# 推薦語

**Hally Chen**（飲食文化記錄者）——

飲食、睡眠與性慾，是人生中的三大慾望。小吃對於每個台灣人的重要，絕不亞於血液中的紅血球。透過一日三餐、外加點心消夜，味覺的記憶不用刻意，經年累月滲入皮膚、埋入潛意識，直到你離家後，才會猛然察覺的鄉愁。我們從透過他人的味覺情感，同時看見自己和土地連結的脈絡，是閱讀飲食文化最迷人的地方。

順聽是我周圍對飲食文化和語言研究最富熱情的人，從電台節目到寫作範疇，他談小吃不僅是在舌上的味道，同時探究背後的文化與歷史，讓讀者在紙上遨遊台灣的同時，也能對土地的過往有更深的認識。閱讀這本《台味飄撇》不只能咀嚼各地的風土滋味，同時能認識如：芳頭、鋩角、餡心等，這些台語的運用與發音，又不落於說教，展現生活中微小又深厚的文化與優雅，充滿閱讀的樂趣。

**王榮文**（遠流出版公司、台灣文創發展公司董事長）——

我和《台味飄撇》作者鄭順聰一見面，兩個人就迫不急待地討論起火雞肉飯。

雖然我是義竹人，但嘉義火雞肉飯和台南鹽水意麵才是我真正的鄉愁。年輕時以為嘉義市噴水池那家是火雞肉飯的代表，現在我喜歡上「阿明」，才知當地三百多家店各擅勝場。僅此一味，食客即各有所好。

我問鄭順聰，你依憑什麼評點食好料的所在，傳達台味的飄撇？他說：嘴和筆。各位看倌讀者們，或許你們也可以經由他所體驗、所記述下的這些美食點滴，勾連起屬於你自己的鄉愁。

**毛奇**（飲食作家）——

小吃美味的要素是情懷——小鎮探索的詢問，懷鄉故土的濃烈滋味，北上城市飄蕩生根的慰藉，跟鄰座的互動。這些場景讓吃食獨一無二，散發著作家身影情懷。台派語文大將鄭順聰跨足寫吃，定位座標在「飄撇」，懂了，這是個男子漢的出外餐桌。鄭順聰寫吃，我覺得特別好看的是，細心標出台語文的寫法讀音，烹煮料理的動詞之細膩，賴賴趖（luā-luā-sô）張望等下吃什麼、交關（kau-kuan）店家，關鍵字一定要用台語文原音呈現才對味！

本書必讀的一個理由，還有鄭順聰出身嘉義民雄，雞肉飯認同與品味恐怕無人能出其右。鄭順聰講雞肉飯，講市場與食物，必須列入拜訪嘉義重要目標。

**包子逸**（《小吃碗上外太空》、《風滾草》作者）——

比起乾燥如菜單的美食指南，我更喜歡《台味飄撇》這款熱烈而文風颯爽的心跡剖白，它不作高姿態意圖指點江山，更講究活跳跳的生活氣氛，讀起來的心境比較類似穿著夾腳拖啪啦啪啦踅出門，走進一片總為你留個老位置的地方食堂，可以隨意現切一點新鮮的趣味、澆淋歷史的餘緒，配著上好的興致扒兩口，沒有什麼高聳的情懷，但開胃又開心。

循著作者的人生軌跡前行，出身嘉義，爾後駐足基隆、高雄與台北等老城區，市井小吃的碗裡乾坤映照著時代的印記。書中提及諸羅平原點心世界的篇幅最廣，光是致敬火雞肉飯的頂真，癡心絕對的寫法算是前無古人；寫雨都基隆的飲食即景，也有不少他處罕見的台派真情。吃得如此投入，知曉的人都略懂略懂，這裡頭有愛。

**阮光民**（漫畫家）——

一般人認為飄撇是一種不受羈絆的灑脫，加上台語常有一語多涵義的性質，偶爾會被用在負面的描述。事實上，飄撇是一個人對所有細節、步驟都熟練並且分寸拿捏得宜，才有辦法展現出來的氣魄。

只要細心觀察，氣定神閒地飄撇在民間處處可見。這本書聚焦在小吃攤，特別的是除了滋味的介紹外，作者書寫的視角是聚焦在攤位的搖滾區，仔細描述這些在攤位顧爐火的爐主們如何料理每道菜。

沒有套路一致的中央廚房，每個攤位的味道都是以人為本的手藝，手把手的傳承，飄撇的氣韻亦是獨特的存在，每個料理都細數著人情、世代，銜接地方。飄撇台味是常民的滋味。

**曹銘宗**（台灣文史作家）——

台灣歷史／文學作家鄭順聰的新作《台味飄撇：食好料的所在》，他十多年來走跳踏查台灣庶民小吃，頗有日本漫畫《孤獨的美食家》井之頭五郎的況味。

比起商人五郎喜歡一個人安靜自在的品嚐美食，台語文作家阿聰仔除了「食好料」的動機，還抱有田野調查的任務。他常看地圖頻問路，鑽入僻靜小巷，坐在攤店前「美食第一排」，觀察主人料理及現場動態，記錄特別的台語用詞及腔調，如果靈感來了也會作詩。

台語「飄撇」（phiau-phiat）相當於華語「瀟灑」，我查《臺日大辭典》（一九三一年），還有充滿生氣活力的樣子，正好用來形容本書作者的氣魄、台灣小吃的氣味。

**陳淑華**（飲食作家）——

從來沒有人如此全面細密的拆解一碗嘉義雞肉飯，更無人曾以台語辭彙精準的構築它美味的所在。順著作者的生命軌跡，不僅看見他讓故鄉嘉義桃城隱味、民雄街仔小食，徹底大解密，那些原本人們熟悉的高雄、台南、基隆，甚至台北市井小吃，在他感情的駐足下，也迸發出一種不同以往的芳頭，讓人忍不住想跟著上路，吃它一回。

**謝仕淵**（國立成功大學歷史學系副教授）——

《台味飄撇：食好料的所在》是鄭順聰的日常生活素描，寫的是味道，說的是心情，以及那些襯托味覺心情的誘人場景。這本書帶我們尋找食好料的所在，那通常也就是「坐在搖滾區」的原則。第一排搖滾區，通常是有好味道、好故事的地方，但能在此從容應對者，通常要能專擅台語、理解人情，也要有夠飄撇，這些條件順聰都有。於是，這本書可說是長期待在食好料搖滾區的作者，帶我們衝到前線，體驗台灣味道裡的飄撇心情。帶這本書回家讀讀，練習或揣摩，改天換自己前進搖滾區吧！

自序

# 對美食有愛

住在台灣的人很有口福，像我只是待在家裡，門口就會有賣冰、賣香腸、賣豬血湯的推車來吆喝，這些音聲與味道，是我童年愉悅的泉源。人在客廳坐，爸爸就提了一大袋麵包回來，說是去修理烤箱時老闆送的。此時，廚房傳來一股爆香味，媽媽斟醬油入鍋正在炒米篩目，要給我和弟弟當午後點心，我們做孩子的真有口福。

最期待阿媽家辦桌，在農村廣闊的埕中，看一盤盤菜餚端上，孩子們玩冰桶裡的汽水罐，長輩喊酒拳喊破天，好喜歡這樣的人情味。同樣，在我們民雄的市場與廟旁，小吃攤食客也是這麼豪爽。吃不只是吃，還是種氣氛，我相當享受，享受爸爸帶我們去嘉義市，到某家生意好得不得了的餐廳，和朋友喝酒聊天，什麼話都敢說，什麼菜都點來吃，海派歡暢，這就是**飄撇**（**phiau-phiat**）。

台語此詞不只形容人瀟灑帥氣，也是台灣味那種隨意不拘束、又熱烈又滿足的氛圍。帶著男子的氣魄四處走跳，我南北各地奔波就為那迷死人的味道，這就是台味飄撇。

品嚐庶民飲食，總要經歷周折，親身來到**食好料的所在**（**tsia̍h hó-liāu ê sóo-tsāi**），坐在美食第一排，才道地夠味。且先放下手機，打開五感，捕捉現場的風景，觀察師傅的烹調動作，好好享用眼前這道料理。靈感來時溫柔寫詩，若困惑質疑連發，表示正在找尋氣味的核心。

我將這二十多年徵逐美食的心得，連同小時候的回憶，寫成這本《台味飄撇：食好料的所在》。人的喜好往往來自童年經驗，第一輯寫故鄉民雄與嘉義市，是我舌頭的原廠設定。第二輯從高雄、府城、彰化一路往北，到台北市、基隆，最遠至日本廣島，坐在飲食的搖滾區，沉浸於立體感環繞的空間，研究料理食材，看客人與老闆互動，勾勒城市鄉鎮風土，探討地理空間的特性。第三輯以某食物為發想，展開思考與連結。第四輯則在不疑中有疑，將這些小問題結成一面網，捕捉生活中的錯謬與有趣。

我嗜吃的食物多在河洛人的聚落，這些市井食肆主要通行台語，得據此語言的脈絡來思考名稱來源、煮食手藝、發展轉變等，才不會**竹篙門菜刀**（**tik-ko tàu tshài-to**，**張冠李戴**）。內文敘述使用華語，若標粗體字，表示為台語，亦標示羅馬字明辨發音（以全書該詞語首次出現為主）。台語漢字依照教育部辭典制定的標準，未有定論者，如**肉sò飯**的**sò**，漢字暫用肉「燥」飯。

除了有兩篇發表在《皇冠雜誌》，特別感謝時任《幼獅文藝》主編的作家馬翊航，二〇二〇年邀請順聽開專欄，連載一年的「點心筋肉」，點燃我書寫飲食的熱情。更要感謝遠流出版公司，是黃靜宜總編輯與蔡昀臻主編專業細心的指引，讓我得以踏實來完成作品。

這是我前半生的飲食體會，一本愛與殘缺的報告書。

說愛，因只寫我熱愛的品項，熱愛過頭不免有偏見；說殘缺，乃全台四處踏查，有太多太多的隱食仍未嚐。台灣的小吃攤，就像手機電池是有壽命的，因主客觀環境變動，遷移了位置，換手經營，甚至走入歷史。用料、手法、口味會變，各人體會也不同，難免有主觀感受，若有出入與錯誤，還望讀者包涵。

這本書和我之前的著作相當不同，是在攤子店內找靈感、寫筆記，邊吃邊想邊整理的，文章完成後，再回到吧台前、飯桌上校對，可說是移動式寫作。謹以此銘記我個人的體驗，目睹之連續動態，靈光一閃抓拍，奇思妙想天馬行空。這份美食清單若能觸動您的味覺，進而去思考飲食與己身的關係，讓五感與美好連結，就會越讀越有味。最後，我這位飄撇的男子，要向台灣美食告白：

**多謝恁，幸福阮的喙舌和胃，予日子豐沛閣歡喜。**

感謝您，讓我們舌胃幸福，生活過得豐富又愉快。

# 輯一。

# 來去嘉義

# 火雞肉飯不出嘉義

街上車輛悠閒來去，我沉浸在飯菜溫潤中，
感受老闆與食客的長久情誼。
在地的人們用整個生活的氣味，
細心呵護這油香盈溢的一碗飯。

嘉義人常說，火雞肉飯出了嘉義，就不能吃。

有一陣子我也是如此這般固執著，尤其各地晃遊，多次在外縣市吃到口味不佳的雞肉飯，就此刻意保持距離，不要去踩地雷。偏偏，移居台北後，總在夜深人靜時，腦海浮現火雞肉飯的美味模樣，這是鄉愁最濃烈的呼喚。

如此這般的固執也是會遇到挑戰的，尤其在府城與屏東碰到優於嘉義原鄉的勝品，痛恨本家不長進，感嘆愛店結束營業，還有許多店家添加不必要的配菜與調味，令人捶胸頓足。

此時，更大的衝擊來了，某次到台北信義區購物，電子地圖跳出府城那家火雞肉飯店名，再到網路搜尋，沒錯，分店堂皇搶進首都，要到精華地段一搏。

對台北人來說，不過是餐飲選擇多一項；但對死忠的嘉義人來說，是非常嚴重的挑戰。在府城，此店之精緻與深沉讓我陷入懷疑，懷疑嘉義火雞肉飯之風光不再？如今在台北建立灘頭堡，那滿街嘉義火雞肉飯的招牌，恐怕要被府城取代？

親食是驗證味道的唯一方法，我人就站在店門口了。商標與字體是帶台味的新設計，裝潢簡潔現代，排隊點餐猶如速食店，這都在預想之內。我刻意用台語跟老闆聊天，對答如流，親切有人情味。

此時，我竟湧起了期望，或許或許，我久居台北的鄉愁，就要找到寄託了，此家滋味若通過我舌頭的標準，在台北吃火雞肉飯也是可以接受的。

嘉義人即將叛變。

自己端盤子自己找到座位，飯搭湯配菜擺列在前，一切照標準程序走。我開始吃，扒飯吃，一項一項夾來吃，越吃越慢，越吃越慢，幾乎無法完食。

火雞肉飯在台北，到底出了什麼問題？

如同在國外我不吃中菜，多以日料與韓食等東方料理解饞，因對中菜實在太熟悉，得找既熟悉又陌生的東方料理，拉開一點距離才不致失望。府城來的火雞肉飯在台北，道理相同。

有此契機，為何仍未達標準？

**鋩角（mê-kak，關鍵）**是什麼？供應火雞的飼養場多在中南部，離開原產地容易走味？台北的租金與物價較高，不得不東扣西扣？或都市空間較為拘束，沒有嘉義那種短褲拖鞋的隨意自在感？

穿越高樓大廈排衛兵似的通衢大道，我邊走邊思考。

此時，突然冒出一股雞騷味，那是生肉在沸湯中滾燙翻攪而出的怪味，殘留於鼻腔，再浮現於視覺神經，那看見殘留雞毛的不適感。

奇怪了，這情形在嘉義、台南甚至屏東，我從沒遇過。

踏上捷運電扶梯，機械履帶緩緩前行，我的心神彷彿也隨之回到嘉義，來去吃一碗火雞肉飯。

騎著摩托車隨意就停在店門口，一整隻碩大火雞靜好擺在攤前，引人分泌口水。邊點菜邊跟老闆開講幾句才入座，左鄰右座好似都認識，做著同樣的動作，夾起火雞肉伴飯扒入口，再喝口味噌湯解膩。陽光照耀雨棚，樹影隨風搖曳，街上車輛悠閒來去，我沉浸在飯菜的溫潤中，感受老闆與食客的長久情誼，騷味與不適都被柔軟包覆了。

火雞肉飯不出嘉義，因在地的人們用整個生活的**氣味（khì-bī，氛圍）**，細心呵護這油香盈溢的一碗飯。

中南部市鎮鄉間的生活感類似，出了嘉義，火雞肉飯還勉強可吃。但到了台北，脫離原本的脈絡太遠，於現代化都會走味，孤星般的存在無法組構星空。

嘉義本家乃發源地，家數多，競爭激烈水準高，可挑自己偏好的口味。更重要的是，因顧客數十年來的挑剔，讓商家戰戰兢兢維持品質，鞏固味覺的核心。

無論是肉大片，覆蓋半熟蛋，湯品小菜特出，或老闆很有個性的，都是特色。此嘉義名物要優，在於火雞片的肉質鮮嫩，飯粒黏硬適中，更有那一匙祕油的無上滋味，讓這碗飯陽光般普照山海平原。

筷子快意扒吃，吃著吃著來到最後一口飯，留些許帶皮雞肉，半浸於油香中。

碗底豪爽罄盡後，氣味悠悠，感官與愉悅頓時超連結，這是正港的嘉義火雞肉飯。

# 火雞肉飯的小確幸

在舌齒品嚼間，
穩定而持續地在日常中小確幸著。
少了鋩角，小確幸便無法延續，
頂多是討生活，不是好日子。

到宜蘭某高級飯店吃午餐 Buffet，菜色偏日系，擺滿了壽司、生魚片、關東煮與醃漬小菜。挑著挑著，於固定範式的東瀛風自助餐之外，赫然發現雞肉飯——還沒「合體」，食材分盤裝好，讓顧客自己「手作」。

這飯店推出的有趣體驗，讓向來畏懼在嘉義以外吃雞肉飯的我，因好奇心驅使下親手DIY：學火雞肉飯店家老闆的動作，將白米飯添入碗中，用飯匙微壓安撫，再鋪上雞肉排好理好，於碗緣擱幾片醃黃蘿蔔，雖說不喜油蔥酥還是勉強撒了些，最後淋上淡黃純淨的味道之心：雞油。

興沖沖端回座位，將滿桌的杯盤撥開，就來嚐嚐這碗手作雞肉飯。嚼著嚼著頗為得意，我的手藝很有個樣子，來到關鍵的最後一口……唉！還是聞到那股難聞的雞騷味了。

飯店的餐飲空間簡潔高雅，猶如排除多餘干擾因素的無菌室，聘請的廚師應是手藝高超，食材也精挑細選過，沒想到，火雞肉飯還是不成個樣子。

我雙眼洞然，盯著造型別緻的白瓷餐盤，回想適才那碗雞肉飯：白米飯是日本空運來台的頂級米，軟硬度不對；雞肉紮實帶皮卻切成方塊，肌理橫生生被斷開；壓軸的那一匙油，若以為只要優質雞肉提煉即可，那就小看了嘉義的老店家。

缺了鋩角，就缺了小確幸啊。怎麼說呢？先來說文解字：

**鋩角**，台語發音 **mê-kak**，指事物細小卻相當要緊的關鍵。

小確幸，日語發音しょうかっこう，微小而確定的幸福。

解釋一攤開，豁然開朗。看似微不足道，可最是要緊，關乎品質好壞，是行走坐臥吃食的關鍵，少了一道功夫，缺了這一味，就不夠確實明亮。

火雞肉飯的小確幸，都在那細微的鋩角，宜蘭飯店的廚師切成齊整肉塊，或許是想突顯其料好實在，卻破壞了肌肉組織與油香之連貫。市面上的雞絲飯，用的是肉雞而非火雞，軟軟的雞肉絲易於拌飯，卻無法將渾然一體的香氣移至碗中，反顯得破碎凌亂。

回頭想想，在嘉義，為何將整隻火雞擺放攤位店面最前頭？除了貨真價實掛保證，更在客人點餐指名時，老闆饒有角度將火雞身上的肉逐一卸下的過程。

這片肉的動作用台語來描述，有**拆**（**thiah**），意思是大塊撕肉，再來是**剺**（**liô**），教育部台語辭典如此解釋：「用刀子割取、刮取薄薄的表層或切成片狀。」如料理麻油腰子時，先在豬腎臟表面割劃花紋，快熟、易入味，美如花朵綻開，這叫**剺花**（**liô-hue**）。

進行剺這個動作時，得順著火雞肉體的弧度與肌理，運用經驗與工夫將肉取出。需知，火雞表面起伏變化多端，各部位的厚薄軟硬油脂殊異：

**剸肉，嘛共氣味剸起來。**

透過剸，取下一片肉，也將氣味取了出來，這樣的手法，需生活與時間的累積。小小一碗火雞肉飯，含帶細緻且緊要的功夫，在舌齒品嚼間，穩定而持續地在日常中「小確幸」著。

少了鋩角，小確幸便無法延續，頂多是討生活，不是好日子。這樣的好日子，是在政治紛擾狂熱、社會喧囂不安、經濟景氣跌宕中，可以在一爿小店、一碗樸素的飯中，覓得的短暫而確定之幸福。完食後，光溜溜碗底反照出油光，舌頭不僅舐唇，還把夾在齒間的米粒清出，咀嚼入腹。

動盪中得靜好，食光中有幸福。

台灣人的小確幸，有師傅的手藝琢磨著，被生活的氛圍含納著，充滿人情味。不會疏離，沒有囈語，踏踏實實，有鋩有角。

# 火雞肉飯的究義

就是這詞！就是這個詞！
用台語說才精準。
芳是香氣，頭是詞的後綴，也帶著端緒，
芳頭，火雞肉飯之鋩角。

應演講之邀回母校嘉義高中走走，在洋溢青春氣息的校園，望見中庭的雨豆樹茂密依舊，我彷彿回到十七歲，在聯考壓力下，那憂鬱的心靈，苦悶的肉體，最終化為紅土操場上熱血的奔馳。

學校所在地名為**山仔頂（Suann-á-tíng）**，顧名思義位於山坡上，嘉義市靠阿里山方向的東邊，往西可俯瞰市區。演講結束後，在溫煦冬陽的照耀下，我跨出校門口，慢慢徒步下坡，往我青春歲月的晃遊地而去。

這幾年嘉義市文創興盛，在木造老屋與水泥樓房交錯的巷道內，咖啡廳一家一家開，我直覺認定，有杯咖啡正在等我。就業結婚後定居台北，我在北部的時間已超過家鄉嘉義，受到都市文明的規訓，咖啡逐漸取代高山茶，成為我午後必喝的飲品。

沒想到，在嘉義市東區盤繞，文青風咖啡廳下午四點就休息，附簡餐的老店我沒興趣，傍晚的冬風開始逼人，我一杯對味的咖啡都找不到。

走在寬闊的民族路上，左側是「民主火雞肉飯」，我右拐進和平路，朝東門圓環而去。

此時，忽有龐大身影擋住去路，我驚了一聲。是「長義閣掌中劇團」第四代團長凌名良，後頭自廂型車走出來的，為第三代團長黃錦章。

這場街頭偶遇，直如布袋戲精彩開場。更巧的是，我人剛好就在長義閣的**起家厝**（**khí-ke-tshù**，**興家立業之處**）門口，根本是俠義小說的巧中巧、妙中妙。

盛情難卻，受邀入內泡茶聊天。第二代老團長已不在人間，客廳牆上匾額猶有其英拔照片與得獎榮耀。今天是週間的星期三，兒女孫輩都回來看阿媽，噓寒問暖，傳統的布袋戲家族，既團結又溫馨。

長義閣成立於一九四五年，是嘉義市傑出演藝團隊，除了跑遍山巔海涯、都市鄉村各廟口搬演民戲，還新製現代款的布袋戲，重新詮釋在地歷史傳說。交錯的是古今，深沉的是感情，文戲武打皆精彩，口白乃道地的嘉義腔，更重視後場的北管鑼鼓，編制完整技藝精湛，是走向未來的傳統藝術。

到友人家拜訪，盡問劇團歷史也過於嚴肅，我拉開話題談民主火雞肉飯，常吃的錦章說這家的菜單琳瑯滿目，人氣沸騰，每天**煏（piak，油炸）**紅蔥頭，也就是用熱油炸得酥脆的油蔥，真是一絕。

吃火雞肉飯，錦章屬豪氣攪拌派，先將肉、飯、醬汁充分拌合，讓混融的氣味喚醒感官，再大口扒飯，真是豪氣干雲。我是細品層次派，一片肉配一口飯，再用湯過味，徐徐細品，品出火雞肉飯的諸般層次。

錦章的表情總是一絲不苟，此時卻顯露出難得的驕傲，說我們所處的客廳就在東市場旁，以此為中心，四周圍火雞肉飯店密度高，水準齊，真正的一級戰區。

我這嘉義人從小吃火雞肉飯，單純就是日常習慣，直到出外打拚，頻頻有人好奇詢問，注意力才轉回來，思索火雞肉飯的真髓，到底在哪？

錦章回憶起「劉里長雞肉飯」還在東市場附近擺攤時，老老闆的功力深厚，隨意一坐，叫碗飯配湯，正港的在地味。從長義閣客廳出去轉個彎，來到「東門火雞肉飯」，跟著同鄉阿杰的口訣點就對了：「肉片帶皮蒜多加半熟荷包蛋。」藏於深巷的「桃城火雞肉飯」，以往攤位在凌晨一點開賣，是夜生活男男女女的深夜食堂。

嘉義火雞肉飯，是在不定位置的不定時間，安頓奔波勞動者的庶民之味。我們比較起「阿明」、「阿樓師」、「阿宏師」、「郭家」、「丸仔榮」、「呆獅」、「阿溪」、「公園」……講得我舌頭頻舔嘴角，恨不得立刻衝出去吃上一碗。

此時，坐在辦公桌前的錦章的大姊說：

**就是彼个芳頭**。

就是這詞！就是這個詞！**芳頭（phang-thâu，香氣）**，這幾年我一直在找尋火雞肉飯的美味關鍵詞，四處品嚐、思索枯竭之際，竟在找不著咖啡的喟然中，與芳頭相遇。

用台語說才精準，**芳**（**phang**）就是香氣，是各家祕傳的醬汁，手撕刀劃的火雞肉，飽圓的米飯，更是完食後那餘韻繚繞的脂氣。**頭**（**thâu**）是詞的後綴，也帶著端緒，乃香氣的總和。火雞肉飯美味的究極真義：

**芳頭，火雞肉飯之鋩角**。

# 火雞肉飯私人評鑑會議

火雞肉飯的細節，是嘉義人難得的講究。
外人都說嘉義人好鬥陣，
恰如平原的田野氣息與宜人的城市尺度，
有種剛剛好的人情味。

吃火雞肉飯，就是**食芳氣**（**tsia̍h phang-khuì**），這是味道之心，我每吃一份火雞肉飯，就在個人心中的小密室，開一場評鑑會議。

私人會議分為八大主題：肉，飯，醬汁，醃菜，湯品，小菜，食序，店家。隨著吃食的進程，分解評析，以下是會議進行的綱領：

## 肉

肉一定要用火雞肉，若不是，無論是飼養的肉雞或放山雞，肉撕得細細碎碎的，油香都跑掉了，還用醬油畫蛇添足，那叫雞絲飯。

正港的嘉義火雞肉飯，一定要用整隻溫體火雞肉，挑肥美且斤兩足的，去毛、清理內臟後，全雞下大鍋用熱水悶煮，快火高溫，這樣的烹調法台語叫**翕（hip，悶）**，才能將肉汁封住，保存肉質。

取肉的手法，除了剁與切，依動作的幅度大致分為三種：**拆**（**thiah**），這動詞很廣泛，針對火雞肉就是連骨帶肉拆下、分部位撕開。再來是用**剫**（**liô**），拿刀仔細片肉。還有一個更細的動作，**phih**，口語這麼發音，漢字不明，指刮下夾纏在骨頭間的殘肉。

根據雞肉大小，可分為雞肉飯與肉片飯。雞肉飯的肉大致分為細條狀的肉絲和塊狀的肉丁，嘉義火雞肉飯指的就是這款。大型肉片則叫肉片飯或雞片飯，店家會在菜單與菜牌上特別註明。

肉分為白肉與紅肉，白肉就是**襟胸肉**（**khim-hing-bah**，**雞胸肉**），具纖維感。紅肉就是雞腿肉，是整隻雞活動最頻繁的部位，軟嫩多汁。

若還留一小片油亮的雞皮，那就是漂亮的頓點囉。

肉片飯用雞腿肉最佳，由於其形狀較不定，講究的店家得細心鋪於飯上使其完形，內行客人專嗜這款。

## 飯

說到飯，用二、三十人份的大電鍋煮熟後，得保溫悶一陣子。由於白飯底層與表面的乾鬆差異，會用大網包住上下翻轉，讓整鍋飯品質更為均勻。有時目睹店家將剛煮好的白米飯自廚房提出，翻入攤台上的飯桶，真是台灣小吃店的熱烈風景。

飯得煮得**飫心**（**khiū-sim**），也就是咀嚼時一接近米心，會產生彈性，越嚼越有味，澱粉感不斷延續。白飯得飽滿分明，太濕黏太乾癟都不行，才不會吃掉油汁，最好讓油汁來裹覆飯粒，使其粒粒滋潤，晶瑩剔透。

## 醬汁

醬汁主要分為白油、黑醬、油蔥三派，彼此之間也會混融。白油是雞油與豬油的調配。黑醬是各家的祕方醬油，來源與比例都不同。油蔥派就是淋油蔥酥的火雞肉飯，當天現炸者為優。此過程相當**厚工（kāu-kang，費工夫）**，得先手工撥理紅蔥頭，切碎後入油鍋炸，因起鍋後還會續熟，在將熟未熟之際就要撈起，若過熟味道會變苦。起鍋的時間掌握，一秒都不能閃失，否則整鍋油蔥就毀了。

這三款醬汁，各有擁護者，太淡或太油膩當然不行，更不能太搶味掩蓋米飯與火雞肉的光采，而是能領著整碗飯達至那餘韻不斷的芳頭。

全嘉義有幾家火雞肉飯，就有多少獨家祕方，店家添碗熱騰騰的飯，繞圈淋上醬汁，用細長小勺潑入那一匙油，是屬於嘉義的獨特風景。

滷肉飯的精髓在那鍋熱到翻騰的滷汁，嘉義雞肉飯就是熱而不沸的神祕醬汁。

## 醃菜

飯邊碗緣搭配的醃菜，有鹹菜與醬瓜，更有那黃澄澄的醃蘿蔔，日語叫「澤庵漬」，傳說是三百年前的日本高僧澤庵（たくあん）發明，日治時期傳入嘉義地區，台語唸作 **thȧk-khú-áng**，醬菜攤都有販售，漸漸傳入尋常百姓家。

火雞肉飯的醃蘿蔔，是脆而喀滋聲響的配角，其清爽能暫時解膩，變化口感氣味，調節吃食的節奏。對我來說，若沒有這黃澄澄兩三片，火雞肉飯就不夠道地。

## 湯品

基本三湯是丸子湯、味噌湯、紫菜湯，湯底非其他飯麵類常用的豬大骨湯，以雞湯煉製為主，多一份清腴，讓嘉義人喝了一輩子。

許多店家是「湯不勝數」，在菜單與菜牌中盡顯豐富多樣：以豬內臟為料的有下水湯、粉腸湯、小腸湯、肝腱肉湯、豬肝湯、豬心湯、豬血湯等；海鮮類主要有蚵仔湯、蝦仁湯、虱目魚肚湯等；蔬菜類計有筍乾湯、金針湯、白菜湯、冬瓜湯、**刺瓜仔湯**（**tshì-kue-á-thng**，**胡瓜湯**）等；也有香菇肉羹、**骨仔肉湯**（**kut-á-bah-thng**，**剔下豬大骨殘餘的肉煮成的湯**）、筍絲排骨湯、苦瓜排骨湯、酸菜肚片湯、麻油雞心湯……比較特別的是火雞下水湯和**雞羼核仔湯**（**ke-lān-hu̍t-á-thng**，**雞睪丸湯**）。

有真火雞才有火雞腳，也才會有火雞腳湯，和滷火雞腳一樣皆為限量。來嘉義就大膽嘗試，這粗骨厚皮的真材實料。

## 小菜

生意興隆的店家因應顧客需求，備列各式各樣的切料、炸物、滷味。有些店家兼賣便當與自助餐，菜色超級**豐沛**（**phong-phài**，**豐盛**）。

嘉義市最有特色的涼菜，乃將各種蔬菜燙熟後放涼，多為水煮，不加調味料，清爽健康。看看這青菜大軍：綠竹筍、茭白筍、高麗菜苗、菜豆、蘆筍、茄子、青花椰菜、白花椰菜、白苦瓜、青苦瓜、玉米筍、西洋芹、秋葵……烹煮與放涼的時間點和訣竅都不同，嘉義人最有經驗最懂，是北緯二三·五度炎熱天氣的消暑清蔬。

點餐時，店家還會問是否加荷包蛋，直接就覆蓋在米飯上，若點半熟的，用筷子戳破讓蛋汁融入飯中，銷魂啊！

## 食序

吃雞肉飯，有人會撒胡椒粉，或是擠辣椒醬，我則裸吃，作家陳俊文更徹底，他是這樣說的：「店家味自慢，火雞肉飯店家，桌上都不放辣椒醬，也不會有蒜泥，最多就是胡椒粉，那是用來加湯的，嘉義人喜歡吃原味，不會用調味料，破壞美妙的平衡。」

夾肉伴些許飯逐步用筷尖挑入嘴，這是細品層次派；或將筷子直插碗底全部攪拌在一起，再大口大口地扒食，這是豪氣攪拌派。若要結合兩派吃法，就點兩碗：第一碗先細品，當碗內的米飯圓丘漸漸被挖開時，藏在深處的油香冒出，緩緩讓腸胃滿足，心靈充盈。第二碗飯則用筷子大氣拌合，讓米香、肉香、油香齊冒出，這是一種手工的成就感，然後大口吞食，讓美味衝入腦神經。

## 店家

諸羅平原的市鎮村落，從嘉義市到嘉義縣，從丘陵、平原到海邊，賣火雞肉飯的少說有三、四百家，各具不同的風情。有時是大馬路旁一爿清簡店家，熱鬧廟口的角隅，從市場推出來的攤車，近年則有連鎖店與文青觀光客排隊名店。

有時我會冒險一下，在嘉義市區亂走，深巷中碰見品項簡單、用料實在的無名店家，老闆態度親切把你當家人，價格是如此平民。

火雞肉飯的細節，是嘉義人難得的講究。外人都說嘉義人**好鬥陣（hó-tàu-tīn，好相處）**，恰如平原的田野氣息與宜人的城市尺度，有種剛剛好的人情味。

我心中小小的火雞肉飯評鑑會議，因饞意而展開，不因飽腹而結束，縈繞舌頭心頭，帶著油香繼續奔波。人生遇到困難，來吃火雞肉飯，短短十多分鐘，憂悶煙消雲散。尤其是，聽到吃遍南北的資深前輩說：

**好食的火雞肉飯，可比烏甕串的相佮仔。**（美味的火雞肉飯，就像黑鮪魚的金三角。）

**烏甕串**（**oo-àng-tshǹg**），屏東的黑鮪魚，可說是台灣的頂級海鮮，一整尾都美味，以腹肉與赤身聞名。殊不知，黑鮪魚的**相佮仔**（**sann-kap-á**），位於鰓之後、上腹肉的前端，華語稱為三角腹肉、金三角，油花豐富，稀有且珍貴。

想體驗金三角那般的美味，就請你親身到嘉義，要來很多很多趟，去找講究的店家。若發現肉、飯、醬汁比例均衡，帶出美妙香氣，那就是人生難得的黃金滋味了。

◎本文蒙《華麗計程車》（聯合文學）作者陳俊文建議後修訂，特致謝忱。

# 嘉義隱味柴魚湯

對老顧客而言，除了解膩，
也是燙舌的鮮美甘甜。
有些客人像我，專嗜孤味而來，
也來享受自助盛湯的樂趣。

在嘉義吃火雞肉飯，湯品的選擇非常多樣，料多味深的**豬腹內**（**ti-pak-lāi**，**豬內臟**）、魚鮮、羹湯之外，就要那麼一小碗單手可端起的素樸：丸子湯、味噌湯、紫菜湯，甚至便宜到十塊就有。

我卻發現，賣火雞肉飯的，幾乎不附柴魚清湯；賣炒鱔魚麵與肉圓的才有，通常免費，可自行續湯，小心燙！

火雞肉飯店的菜單選項多，有許多湯品與小菜可點。附柴魚湯的店，往往專售**孤味**（**koo-bī**，**獨沾一味**），別樣搭配不多，如炒鱔魚麵店頂多炒盤青菜或燙份豬腳，肉圓攤就只是肉圓，最佳伴侶是柴魚湯，對老顧客而言，除了解膩，也是燙舌的鮮美甘甜。

有些客人像我，專嗜孤味而來，也來享受自助盛湯的樂趣。店家當然會幫客人盛湯，懂門道的熟客自己來。走到店門口，掀開布巾，自相扣成串的群碗中挑出乾爽的，瞥一眼白鐵製的湯桶，蓋子圓小可愛，掀開時得小心熱氣燙手。執起柴柄，將長勺探入湯桶的最底處，攪動兩三下，舀起琥珀色高湯，順道撈些柴魚片，有時還會有骨仔肉流入，雖軟爛失去肉味，可是大骨熬製後的餘華。

獨沽一味和自助盛湯，形成柴魚湯系小吃的魅力，點好主菜後，就來溫習這儀式，好似舌頭的定期健身。

這些炒鱔魚麵店與肉圓攤，或在恬靜的街巷營生，或開設於**亭仔跤**（**tîng-á-kha**，**騎樓**）與三角窗，在有六千多棟**枋仔厝**（**pang-á-tshù**，**木造房屋**）的嘉義市，比較獨特的是黑屋瓦下、雨淋板間的老店。

柴魚湯不只是附加的湯，還是滋味的纏繞，有時候去那家店，就是想喝碗柴魚清湯。

某次，坐在「阿吉鱔魚麵」店內，看爐台的木炭正燒得橘紅，師傅抓起大把洋蔥丟入大鍋炒得出甜，再放入鱔片加醬料，煙氣正濃時，老闆順手自其旁的湯桶舀些柴魚湯摻入，我才驚覺，主菜鱔魚早就與所附的清湯結合了。只見師傅半圈半圈將鍋子打轉再打轉，像嬰兒的屁股輕輕拍，把柴魚隱味炒入嘉義的鱔魚麵中。

還有，在外地吃潤餅，我總覺得不太對味，中南部習慣包油麵，在基隆會抹上咖哩加紅燒肉，府城撒糖粉附皇帝豆，還有很多豆芽菜與香菜的等等，總之，就是覺得不夠嘉義。

那家潤餅攤是我高中時晃遊遇見的，就在枋仔厝街道的日常角落。

高麗菜是攤子的視覺中心，鋪在帶漏孔的白鐵盤之上，底下有蒸汽冒出以維持溫度與鮮度。店家頻頻舀起柴魚湯澆淋，拌合蔬菜精華再滴漏而下，在包捲潤餅前，柴魚味早就和蔬菜融合了。

近來，柴魚湯系的飲食攤越來越少，免費還是免費，味道卻在改變中。譬如民雄廟街旁的「阿堂師肉圓」，是我魂牽夢縈的滋味，後來交棒給弟弟，阿堂改炒起鱔魚麵來。為此阿堂肉圓中斷了許久，直到二〇二三年其大兒子回到民雄，再度賣起肉圓來。

相隔了三十年，台灣的環境與風土早就改變，許多食材消失，有些調味料不能再用。阿堂的大兒子認真研究，想要重現阿爸的古早味，老顧客紛紛回流，給予建議，也殷殷期盼說：為何不像過去那般，再附碗免費的柴魚湯？

理由簡單，因現實殘酷。早期物價低，原料便宜，路邊攤甚至不需要租金，且要照顧生活艱難的鄉民，附柴魚湯以嘉惠顧客。而今，台灣社會樣樣要錢，物價齊漲，若附免費湯，會讓收益減少，生意不易維持。

阿堂的大兒子深情述說，我卻開始擔心，該不會，未來嘉義小吃店牆壁上的菜牌，赫然就出現柴魚湯，列出定價？那體貼的情意，客人主動盛湯的姿態，也將隨之消失？

不希望走到那一天，只盼柴魚湯系的小吃傳承下去，湯桶繼續熬煮，恆持那份鮮美與情意。

# 桃城鐵店此時此地

麵攤是孤單時刻的療癒電池，
要讓拋錨的心情重新啟動。
輕巧的吃，帶著餘香而去，
在桃城繞來又繞去，自由自在像風。

外地朋友到嘉義市玩，常問我有什麼好吃的？

由於被問太多次，我特地做了份PPT，名為「小鮮肉如何變成大胖叔」，開頭是嘉義歷史文化介紹，檜木、KANO、陳澄波，壓軸就來揭露私心推薦的小吃**鐵店（thih-tiàm）**。

台語的鐵店，指受到顧客死忠支持，百吃不厭，怎樣都打不倒，像鐵那般堅實的攤位與店家。

朋友們收下鐵店名單後，到嘉義市樂遊，個個滿意。

其實，從我家民雄前往古稱「桃城」的嘉義市，坐火車得花十多分鐘，我們都說**去嘉義**（**khì Ka-gī**），指的是去嘉義市，所以我不算真正的桃城人。

然而，因就學、交通、娛樂之故，我對桃城飲食頗為熟悉，常帶領外地人去吃小吃。帶一點陌生的距離，少了家居日常的麻痺膩煩，似遠實近。

享用美食，要在某時刻的某個特殊地點，發生了某件事，味道才會深刻。以下八家鐵店是我的精選推薦，小鮮肉變成大胖叔的斑斑油跡：

## 噴水池邊的深夜麵攤

上個世紀，長輩們還有氣力，我還有時間在旁看老爸打麻將，某回戰到半夜，牌友餓了，想去噴水池旁的文化路吃消夜。

文化路？那兒的消夜我從小吃到大，實在沒什麼新奇的。但那位牌友自稱**食食通**（**tsia̍h-sit-thong**，**美食家**），知道很多好吃的。事不宜遲，大家各自開車，往七彩噴水池而去。

不是炒螺肉、蚵仔煎或火雞肉飯，來到現場，我有點驚訝，竟是「葉記牛肉館」的攤車，就在噴水池東北角的人行道上，簡單擺幾張桌椅，晚上十點開賣。

我陷入疑惑，牛肉麵在台北吃才精彩，嘉義人又不擅長，更何況是吃消夜，會不會太飽太膩？

記得小時候玩猜拳口訣都很歪：**「烏白烏白，我是恁老爸。」**（黑白黑白，我是你爸爸。）

這消夜場的牛肉麵可清爽得很：**「紅白紅白，有焐菜頭的。」**（紅白紅白，熬的是蘿蔔。）

加紅蘿蔔和白蘿蔔的紅燒湯頭，不僅消油解膩，還頗為清爽，讓深夜的胃負擔不致太重。視覺上，紅白兩色自深褐湯頭中浮出，讓人愉悅舒暢。

葉記牛肉館本店位於公明路，夜一深，便推攤車到兩百公尺開外的噴水池旁營業。湯頭分清燉與紅燒兩種，有麵食也有牛肉飯，單單牛雜湯沾醬也很寫意。

從那場麻將續攤之後，我對文化路的印象不再擁擠，牛肉麵與噴水池相對，是嘉義消夜場的獨門風景。

## 路邊一間炒鱔魚麵

陳俊文的著作《嘉義小旅行》（上旗文化出版），將炒鱔魚麵分為南北兩派。南派以府城為中心，硬脆可層疊的炸意麵是主流，味道濃稠甜滋。北派代表是嘉義的炒鱔魚麵，著名的店家有「羅山」、「阿吉」、「西市」等，嘉義人習慣吃的多為油麵，某些店選用白扁麵。吃嘉義炒鱔魚麵，定要盛以白瓷圓盤，盤緣滾花滾出滑溜鹹香，無論如何都要像諸羅平原那般遼闊舒坦。

對我而言，品嚐的要點是鱔魚片得**翹**（**khiàu**，**末端捲起**），那是爆炒時熟而逼近焦的臨界感，端上來的鱔魚片尾端是捲翹的，厚實，鮮而不腥，微焦不苦。我先咬下這翹尖，火候若足，一咬即斷，齒末還帶脆感，再連肉帶骨咀嚼入腹。

油麵軟彈有味，洋蔥、蔥花、蒜末、辣椒是小頓點，讓人念念不忘的是那**火鼎氣**（**hué-tiánn-khuì**，**鑊氣**），為師傅狂烈炒功與猛火之結合，有人不敢吃鱔魚只點肉絲，可大多愛那股鑊氣。

我更愛那隨意的感覺，在桃城街道騎著腳踏車，發現三角窗有家麵店，柴魚清湯正小火熬著，砧板上的鱔魚已片好，清水嘩啦啦給陽光照耀得閃亮亮。

簡單三、四組桌椅，一對夫婦維持著，點盤炒鱔魚麵配碗柴魚湯，輕巧的吃，帶著餘香而去，在桃城繞來又繞去，自由自在像風。

## 百年市場內牛雜湯

東市場若是嘉義市的中央廚房，「王記」那鍋**鼎底（tiánn-té，大鍋牛雜湯）**，就是美味的圓心。

早在清朝就已形成的嘉義東市場，日治時期建了一棟洋式大樓，不幸慘遭火災地震毀壞，之後又被周圍的商販包圍，隱沒不顯。長久以來開車是進不去周圍的，在地人多騎摩托車，步行更佳。可先到吳鳳北路的城隍廟拜拜，再從側門鑽入，若從南門圓環方向，得挨挨擠擠鑽過攤商人群。

我最常走的是歷史路線，繞過外星基地般的市政府，走側旁的忠孝路會經過

「北回水晶餃」，大小宛如棒球，皮軟彈，餡鹹香。人到公明路口，往東去買現場炭烤的「真情味肉乾」，店家強力推薦會滴油的蜜汁肉條；往西見門口有人排隊，那是名聞遐邇的「劉里長火雞肉飯」。

這條公明路，過去被稱為醫生街，最多曾有十幾家醫院診所，如「向生醫院」和「黃瑤故居」，日治時期興建的獨棟洋房，門窗優雅，開闊有氣度，保存得相當完整。忠孝路直走到中正路，尋一小開口，時光的門打開，進去是百年歷史的全檜木建築，仰頭看桁架屋頂之上的太子樓結構，台語叫**風厝仔（hong-tshù-á，突出於斜屋頂的通氣窗）**，從氣窗透入的天光，微微照著裡頭三、四十多家豬肉攤。

再尋其旁的開口而入，就是熱鬧的熟食攤區。有本地羊肉、筒仔米糕、乾意麵等，最興旺的是「王家祖傳牛雜湯」，兩人合圍的大鍋清湯滾沸著早上現宰的牛肉與諸般內臟，料多、肥嫩、新鮮，添一碗白飯配沾醬，是桃城人的元氣早餐。

想將「袁家」肉骨酥與「阿富」網絲肉卷袋著走，得耐心排隊，更怕售罄。

一九二二年創立的祖傳老店「楊桃伯」，古法醃製的楊桃冰加洛神花茶或調製汽水，消暑止渴，風味絕佳，閉上眼睛吸個一口，彷彿回到往昔農家後院栽種楊桃樹的古早時光。

## 環繞東門煎粿不息

吃完「火婆煎粿」正要離開，停在東門圓環旁的車子竟發不動，**顧路**（**kòo-lōo**，**拋錨**），我像熱燙鐵盤上的一塊粿，快被焦慮煎壞了。

同在遮陽棚下吃早餐的嘉義鄉親，熱心幫我巡看檢查，判斷是老車沒電了，更悲觀地說，恐怕得花一筆錢更換電瓶，真無奈，只好在攤位旁等待道路救援。

疊得比人高的蒸籠靠牆往深處排列，炊製時蒸汽從一層層的空隙冒出，場面壯觀，好似科幻電影的蒸氣之城。

火婆的**粿路**（**kué-lōo**，**糕粿類**）主要有兩種，嫩白菜頭粿和油蔥粿。胖墩的菜頭粿被切成遙控器大小，那軟彈的模樣和東門圓環內的小童雕像遙相呼應。鐵盤添油加熱，將粿片煎得吱吱作響、香氣四溢，與東門圓環那車子的環繞不息，也是一種動態的呼應。

和現煎的荷包蛋一同起鍋，淋上嘉義這半糖城市的風味醬汁，我在旁頻頻回顧煎粿的外酥內軟。

嘉義市在清朝是諸羅縣的縣治，雍正年間重建東、西、南、北四門，東門名「襟山」，往東望就是阿里山，寓意群山般的壯闊襟懷。日治時期在東門城址改建東門圓環，裡頭裝置噴水池，現有尿尿小童雕像。

人聲鼎沸的東門圓環有許多我懷念的小吃，高中放學後經過，會有個老伯伯用單車載著肉包販賣，熱燙的皮與醬香滿溢的內餡，讓我難忘。

肉包在東門圓環還有，已不是我高中吃的那款；火婆煎粿則是一再來回味，回味到車子拋錨發不動。

那好，傍晚再來，那時市場休息圓環沉寂，唯東門福州意麵亮燈，從一九五四年賣到現在，麵攤是孤單時刻的療癒電池，要讓拋錨的心情重新啟動。

## 木光城市的移動米糕

日本的宮崎駿有「霍爾的移動城堡」，我們嘉義也有移動的木製推車。這一攤主要賣筒仔米糕，沒有名字，被稱為「嘉義無名米糕」，有一陣子常搬家，約略在忠孝路附近移動，也稱「忠孝路米糕」。

從民雄走縱貫路過牛稠溪到嘉義市，那條路就是忠孝路，一根腸子通到底的林蔭大道。然而，過岳飛銅像後，路幅瞬間縮小，這一帶是林務局的辦公室與宿舍區，「檜意森活村」還沒開幕前，隱密安靜，好似進入迷霧森林，有股神祕的氣息。

全木造的手推車是嘉義這木光城市的正字標記，褪色的木質紋理留下時間的水漬痕，細框的輪胎沒了氣，底下疊起磚塊好固定車腳，安置在門口，是這家店的辨識標誌。

插榫組構的木質蒸籠，蓋子掀起時水蒸氣冒出，香味四溢，圓小的鋁筒在方形籠身內靜好著，熟透的糯米收存著米白，真有畫面感。

上下互覆的舊瓷碗，不必揭露就知道是碗粿，花紋簡樸，碗緣磕碰出缺角，不避諱不掩藏。

從老闆的穿著與言語，店內的陳設到入座的動線，都是嘉義素樸生活的貫徹。筒仔米糕的糯米素白，倒扣後浮現一層肉燥，用兩叉的竹籤串食，很有古早風情。

樸素之貫徹還有紅醬，老闆叫做**紅 tsó**，溫溫的散發甜味，很謙虛的樣子。配湯有比較少見**魚仔酥**（**hî-á-soo**，**魚酥**），乃裹粉油炸的旗魚做成的旗魚酥湯，喝來也是軟軟淡淡的。

這一切都不花巧不張揚，把本質做好，就像不細看就不會注意到的樹木紋理，鼻子趨近，聞到微微散發的木頭香。

晨間我常去這家吃早餐，若不在原來的位置，表示米糕推車又移動了，那就往交錯的街巷裡頭去，去找嘉義的純樸安靜。

## 在醫生館吃砂鍋魚頭

砂鍋魚頭對我家來說，就是爸爸去嘉義市修理機械順手包回來的晚餐。「林聰明」與「北門」都很好，媽媽只要解開塑膠袋放入大鍋煮，看冰箱有什麼就加料，配飯配麵都是美味的一餐。沒吃完的就冰起來，隔天加熱美味不變。

少說也吃了三十年，再怎麼美味都會厭倦，加上長輩得控制飲食，外帶回家的頻率越來越低。反而會去找林聰明本人聊天，他對嘉義的人文史地與飲食典故超內行，個性更是四海，有次見他開了罐台啤，斟了些在手心就往頭上抹，豪爽得很。

他說頭髮**鬅鬅**（**giàng-giàng**，**亂翹**），抹啤酒液就服貼多了。

林聰明與大女兒林佳慧，不僅專注本業的精進與擴展，對地方文化與台語推行也相當積極，在我的建議下，推出台灣首份完整的台語菜單，裡頭有羅馬拼音，標明各品項的台語正字。

菜單的大項目分為砂鍋料理、涼菜、湯類、米粉／冬粉、**孤項**（**koo-**

**hāng，單點品項**），客人疑問最多的是豬上顎，一節一節密密堆疊像樓梯，台語叫做**天梯**（**thian-thui**）。

「林聰明沙鍋魚頭」的中正路店，前身為「振山眼科診所」，乃日本時代興建的**醫生館**（**i-sing-kuán，診所**），立面四根方柱頂起幾何簡潔的欄杆與窗戶。林聰明本人還蒐集許多檜木舊材裝潢餐廳，在裡頭吃砂鍋菜配火雞肉飯，歷史更有歷史，嘉義更加嘉義。

有次，我爸很認真的說，昨晚包回來的砂鍋魚頭怎麼那麼好吃……他晚回家，只剩一點點，抱怨吃得不過癮。

我爸吃砂鍋魚頭的歷史比我久，年紀大了味覺也淡了，還覺得非常好吃？為表孝心，我親手提了一桶林聰明沙鍋魚頭回來，常被誤會為油漆桶的特別款，本是用來裝沙茶醬的，改舀入砂鍋菜：豆皮、豆腐、黑木耳、豬肉片等獨家配方，凌晨去市場採買的大白菜，以及加什麼料都好吃得不得了的大骨高湯，加上炸得酥美的魚頭魚肉，我爸頻頻說好吃，這位老嘉義竟也美味覺醒了。

## 日常街道肉圓綻放

從七彩噴水池沿著文化路往北，鑽入地下道，通過地底至平面，快到博愛路這橫穿過嘉義後火車站的大道前，向榮街斜切而過，像條腰包繫在貼己處，藏著饒富風味的常民小吃。

腰包打開，我掏出零錢先買杯手工汽水，招牌也是手寫的，有蘋果、葡萄、沙士、**柑仔（kam-á，橘子）**等口味。只見老闆轉開閥口，碳酸水沖入裝滿碎冰的杯內，氣泡冒出，冰冰涼涼的，調味後就是全台碩果僅存的「阿伯古早味手工汽水」。

手持這一杯冰涼，我大腳跨進肉圓攤前的吧台，看那伏於溫油如花朵綻放的肉圓，便想起鄭愁予〈錯誤〉的名句：「那等在季節裡的容顏如蓮花的開落。」

全台各地上百家肉圓吃遍，我個人排行榜的首位，還是嘉義款的肉圓，皮軟軟的，米香淡淡的，精肉條內餡偶帶肥，以香菇點睛，敷上醬油與米醬雙重奏，勾起我味覺的最美。

嘉義肉圓本格第一名，我認為是向榮街這家。店內深處粉袋堆得比人還高，忙碌的雙手於時間的背光處現包現蒸，再一粒粒滑進攤車的老油鍋中。像側著頭咬起衣領般我將肉圓咬開，外皮、內餡、醬料，真是**拄拄好**（**tú-tú-hó**，**剛剛好**）。

老闆饒有韻律將肉圓戳、挑、轉、切，一邊和客人閒話家常。我坐在熱騰騰的攤前喝手工汽水，看熱油中肉圓之排列，忍不住轉化名句就吟了起來：

那開在油鍋裡的肉圓如花朵之綻放。

## 巷子內的黃金祕食

布袋戲師傅黃錦章約我吃早餐，約在嘉義市的朝陽街，定要在九點之前，那時**蟳仔粿**（**tsîm-á-kué**）剛出爐，要吃得及時。

「源滷肉飯」這店名是給外人說的，在地人都叫**菜鴨仔**（**tshài-ah-á**），我們排在手拿安全帽、腰掛鑰匙的鄉親後頭，看攤台擺列的菜餚無比豐盛：大圓盤盛著麵食、丸子、敷漿的虱目魚，還有磅皮、肉羹和刺瓜仔，好幾鍋湯正滾沸，這場景像太空基地的指揮台，充滿未來感。

主菜有滷肉飯、乾麵、湯麵、米粉湯、米篩目，我們點滷肉飯。早上就可以嚐到海鮮：蝦仁湯、魚丸湯、蚵仔湯、虱目魚湯，我們則點了刺瓜仔湯。排著排著輪到切料區，**滷熟肉**（**lóo-sik-bah**，**嘉義的黑白切**）大陣仗，青綠蔬菜像瀑布湧來，豬肉與豬內臟或滷或清煮，好多好多款，空拿著夾子的我不知道如何挑起。錦章早有定見，速速夾選好，交給老闆處理。

這是間小巷內的平房，開闊且通透，有兩處空間可選：巷子口擺著學校的課桌椅，大人侷促地坐在孩子的座位，有童年的樸趣；錦章則帶我步入店內，位子乾淨整齊。

此時生意正好，在地說法叫**拍箍**（**phah-khoo**），台語的箍意思是圈圈，拍箍指生意忙得團團轉、轉圈圈，客人得耐心排隊等候。

滷肉飯，附三塊豬肉片與醃黃瓜，米飯和火雞肉飯的類似，粒粒分明有彈性。刺瓜仔是**走脆的**（**tsáu-tshè--ê**，**強調脆度**），不是煮得軟爛那種，浮的是磅皮，沉底為肉羹，這碗湯深得我心。

稍等了一會兒，黑白切上桌，錦章說他點小菜是有道理的，根據在地流傳的口訣，可測試切料之優劣：

**三層配芥菜，豬心配豬肝，粉腸配金粿。**

他解釋道，五花肉、芥菜、豬心、豬肝皆為水煮，吃的是原味，食材的好壞決定一切，沒太多調味掩蓋的空間。**粉腸**（**hún-tshiâng/tshiân**）乃在腸衣裡灌粉與肉丁，製作過程就很重要了。

早上九點，金黃色的祕味出爐，在府城叫**蟳丸**（**tsîm-uân**），嘉義稱為蟳仔粿，唸久唸快變成了**金粿**（**kim-kué**），是菜鴨仔的手路菜，也是我們來的主要目的。原料有蛋、荸薺、麵粉與豬後頸油脂丁，甜甜的滋味散發淡淡的脂氣，內含荸薺的脆，軟膨的口感很微妙，難以形容。

等菜上桌之前，我拿著相機到處拍，探頭看到廚房裡煙氣正瀰漫。此時，蒸籠掀開，是金粿！藏在巷子內的黃金祕食閃亮現身。

桃城的鐵店多從早晨營業到中午，錦章說有時天一亮起床，**喙箍咧癮**

**（tshuì-khoo leh giàn，嘴巴發饞）**，就載著媽媽和家人去吃好料。滷熟肉在嘉義多是下午點心，菜鴨仔當作早午餐供應，一大早就吃這麼好：

**嘉義人真正是食真好咧！**

在嘉義市，曾有人挑戰二十四小時接力吃火雞肉飯，其實，美食鐵店也可以連續二十小時，請參考以下精選賞味名單，也請斟酌胃袋容量：

## 嘉義市鐵店美食馬拉松

| 時間 | 店家 |
|---|---|
| 06:00 | 王家祖傳本產牛雜湯 |
| 06:30 | 南門炭燒杏仁茶 |
| 07:00 | 東門圓環火婆煎粿 |
| 07:30 | 阿文魚粥 |
| 08:00 | 原忠孝路無名米糕 |
| 09:00 | 源滷肉飯（菜鴨魯熟肉） |
| 10:00 | 北回水晶餃（忠孝路） |
| 11:00 | 阿波鴨肉麵 |
| 12:00 | 黃記涼麵涼圓，老張麵店（位於老吸街） |
| 13:00 | 三味果汁，嘉義冷凍芋 |
| 14:00 | 向榮街嘉義肉圓，阿伯古早味手工汽水 |
| 15:00 | 黑人魯熟肉 |
| 16:00 | 咱台灣人的冰 |
| 17:00 | 林聰明沙鍋魚頭 |
| 18:00 | 阿進土產牛肉湯 |
| 19:00 | 羅山、阿吉、西市鱔魚麵 |
| 20:00 | 中山路老店切仔麵 |
| 21:00 | 文化夜市生炒螺肉 |
| 22:00 | 阿娥豆漿豆花 |
| 23:00 | 金門魯肉飯 |
| 24:00 | 葉記牛肉館（攤子在噴水池旁，本店位於公明路） |
| 01:00 | 珍珍蚵仔煎海產粥 |
| 02:00 | 正老牌草魚粥 |

◎店家地址及營業時間請查詢網路

# 民雄街市眾攤之味

市場口的滋味與場景，
植入我感官的根處，
化作記憶再潛入夢中，
於我飢腸轆轆時，魔幻重現。

帶著飢餓入睡的夜晚，我會到夢中找吃的，在多維度的扭曲空間跑上竄下，找攤小吃來填補飢餓。

因天天做夢，腦內延展出難以盡數的空間，那是我從小到大曾住過與經歷過的地方：房間、建築、街道、城市或一望無際的荒蕪……夢境像意象跳躍的詩句，胡亂組構，扭曲撩亂。

今晚的夢往何處去，與白日所思相繫，尤其若餓著肚子上床，常夢到故鄉民雄的街道與市場，我們叫**民雄街仔**（**bîn-hiông-ke-á**），夢境裡的樣態，與實際狀況類似：從西邊的保生大帝廟開始，向東奔跑，經過大士爺廟，通過三叉路口後，來到民雄市場的門口廣場，遠遠望見七星藥局，再過去那南北劃過的火車鐵軌，是夢的邊界。

民雄在清朝曾築莿竹圍城防禦，老一輩的說法，我是從西門跑到了東門，從舊地名的「下街」來到「頂街」。

詳細描述夢境，我是先跑到大士爺廟，鑽進一旁由簡陋棚架搭建的不見天巷，入口是水果攤，隔壁有一鍋溫於油中的肉圓，對面是當歸鴨麵線與磅皮麵。循著氣味，我深入幽暗巷內，穿越肉羹麵、外省麵、熱炒店，小桌前阿婆正在包水餃。巷子不長很快就來到了另一頭，右手側是炒鱔魚麵與筒仔米糕，左手邊意麵的大灶正煮著柴魚湯……盡頭迎來的光，映亮攤台前一碗冰涼的綠豆湯。

穿出巷子，夢將我拉回到大士爺廟口，對面戲台的廣場有人**排擔仔**（**pâi tànn-á**，**擺攤**），讓我餓意更強，卻看不清到底在賣什麼。從大士爺廟繼續往東奔跑，過三叉路來到民雄市場口，凌亂搭建的雨棚下，賣著花枝炒、豬血湯、煎粿、肉圓、番茄切盤……好想點份來吃，雙腳卻停不下來，直往東邊的鐵軌衝去，一碰到夢的邊界，人就醒了。

什麼都沒吃到，徒留滿腹的空虛。

現實世界的這條街道，叫中樂路，是民雄最熱鬧的地方，尤其是早上，路旁的攤販大聲吆喝招呼客人，兜售蔬果農產品與服飾雜貨日常生活用品。三叉路口最擁擠，常塞車動不了，鄉民的摩托車就得放慢，用腳撥地頓挫前行。

夢中我只看到**點心擔**（**tiám-sim-tànn**，**小吃攤**），其他攤販都沒出現，這段路短短兩、三百公尺，夢裡頭卻多了許多攤，還有我不知道的味道。

是幻夢造作？或真有其攤？

夢是真的，歷歷如繪。

當我展開「七〇年代民雄職業別明細圖」，讀到民雄市場口具體而微的圖繪，我彷彿看到了夢境。

這張地圖，由七星藥局第二代老闆吳嘉文先生繪製，他是資深的專業藥師，更是位民藝家，不僅收藏台灣的民藝品，也收藏老民雄人的相片與回憶。博聞強記的他，勤於走訪耆老，以日本時代「職業別明細圖」為範本，繪製復古地圖，重現七〇年代民雄街市之景況。

我一九七六年出生，圖中所繪約是我五歲前的情景，那時爸媽在市場附近的**鐵枝路跤（thih-ki-lōo-kha，火車鐵軌旁）**租屋，全家住在簡陋的矮房裡，前有水溝，隔壁是棺材店。爸爸總是笑著回憶說，那時寒流來天氣很冷，媽媽要給我們兄弟洗澡，得先立起鐵皮阻擋寒風，再用菜瓜布大力刷洗孩子身上的髒污頑垢。

我們兄弟很得長輩疼愛，常牽著我們到附近走走看看，不僅目睹也嚐過市場口的眾攤之味。

但五歲前記憶，被丟棄了那般，我幾乎都不記得。

一格一格讀職業別明細圖，我唸出店家的名稱，熟悉與陌生參半，熟悉的是現仍營業著的店家，陌生者是早已不存在。想不到市場口曾有二、三十家小吃攤，密密麻麻的，跟現在空出馬路與廣場的情景，落差甚大。

嘉文藥師邊看地圖邊回憶，說民雄七〇年代的市場口熱鬧得很，匯聚在地的各式小吃，師傅展現真工夫，火力全開：榮爵師傅爐火點燃，熱鍋冒出火團，竄奔天際，快手炒鱔魚麵；「莊肉圓」老闆單臂伸出，攤牌般擺上一排生肉圓，軟彈微顫，再一粒一粒叉入油鍋中。

鄉民不僅有口福，也飽了眼福。

那時台灣剛步入工商業社會，人們的身體還是來自農業時代，這些師傅當在肌肉最強壯、動作最凌厲時，如棒球選手揮棒時扭轉身體，精實且氣力飽滿。

人說小時候的飲食，決定了一輩子的喜好，市場口的滋味與場景，植入我感官的根處，化作記憶再潛入夢中，於我飢腸轆轆時，魔幻重現。

跟台灣許多地方鄉鎮類似，民雄小吃攤的聚集處，多在聚落與宗教中心，據聞清朝時舊媽祖廟廟口就有人擺攤，位置約略在**市仔口**（**tshī-á-kháu**，**市場口**）。一九〇六年發生大地震，民雄的房屋與廟宇幾乎全毀，之後市街展開重建，也有了新的市場，依然匯集著小吃攤在此營生。

隨著台灣經濟起飛，在一九八〇年代初期，我五歲多時，為了交通建設拓寬

圖片繪製、提供／七星藥局吳嘉文

七〇年代民雄職業別明細圖

街道，小吃攤被迫遷移，成批移往大士爺廟旁的廟街，民雄人叫做**新市仔**（**sin-tshī-á**，**新市場**）。在我青春成長的時期，每每說要到外頭吃東西，就是到這條廟街，是我台灣小吃真正的啟蒙地。不料，二〇〇〇年後廟街又被拆除，攤子風流雲散，在街區各自找店面繼續營業。

這樣的滄桑演變，不只民雄，是台灣各地市鎮的普遍現象。

幸有吳嘉文藥師點醒，我比對夢中的情境，由西往東的飢餓奔逐，剛好一路回溯了街市的歷史發展。民雄原先是平埔族之「羅亞族」所居之地，荷蘭人地名記載為Dovoha/Dovaha，後來漢人大批移墾，築屋成街建廟，稱為**打貓**（**Tánn-bâ/niau**），於日治時期才改名為民雄。關於原地名的來源眾說紛紜，有一說Dovoha為烈風的意思，描述平埔族人雄猛如烈風的樣子。

這場飢餓追逐，奔跑如風，逆打貓的時光而行，現存與消失的都到我夢中的街道擺攤，眾味重現：肉圓、麵食、熱炒、水餃、炒鱔魚麵、筒仔米糕、柴魚湯……記憶的盡頭迎來了光，那碗碎冰浮沉漾動的綠豆湯，依然晶瑩明亮。

# 氣味所繫之記憶

沉浸在油香、醬香、米香中，
這主旋律真豐美。
壓軸的柴魚湯將口舌洗出清爽，
為肉圓組曲拉出淡遠的餘韻。

身為嘉義人，常被外縣市的朋友問：

**佗一間雞肉飯上好食？**（哪一間雞肉飯最好吃？）

剛開始遇到這問題，我還真的不知所措，記憶中的香氣被喚起，卻無法具體指出哪家。無論是街區常吃的，偶然經過落坐的，還有活動與開會送來的便當，我沒刻意記店名，反正都在嘉義的火雞世界，味道都很棒，全都吃光光。

小時候每逢週日，家裡不開伙讓媽媽休息，爸爸會帶我們兄弟去民雄街上吃早餐，我們仨就到民雄警察局對面的三角窗，吃「水生火雞肉飯」。沒錯，早餐吃火雞肉飯是嘉義日常。

尚存的記憶是：店面寬闊涼爽，老闆在半個人高的攤位料理，忙著盛飯、鋪火雞肉、淋醬汁，我們父子仨在攤前坐成一排，邊吃邊嘻嘻哈哈聊天。

據聞老闆是從外地學來製作法，結合老闆娘祖傳包肉粽炊粿的手藝精髓，轉出這庶民米食的好吃款，不必到嘉義市，在民雄就可吃到便宜又可口的火雞肉飯。

這日不用上學真輕鬆，趁爸爸遇到朋友聊起天來，和弟弟四處亂跑亂玩，在熱鬧氣氛中逍遙，沉浸於美妙的氣味中。

人的喜好常來自最初的遇見，位於三角窗的水生火雞肉飯早已停業，但那最初的香氣，已讓它成為記憶裡**上好食（siāng hó-tsia̍h，最好吃）**的那一間。

身為民雄人，常被外地的朋友問：

**你攏食佗一間的鵝肉？**（鵝肉店你都吃哪間？）

民雄的鵝肉名聞遐邇，午晚餐時火車站前的和平路常塞車，外地來的遊客鵝群般排隊，號稱鵝肉一條街。其實，我們民雄人除非宴客，大多包回家放冰箱，早點買也無妨，冰冰的才好吃，正餐時間再開盒並倒入油汁，和其他家常菜一起配飯吃。

「阿君鵝肉店」是用蒸的，肉質鮮嫩，用肉汁精華熬煮的湯，我都買回家加料共煮，和家人一起享用，非常入味。民雄鵝肉的主流是用**翕的**（**hip-ê**），鵝隻掏出內臟洗淨後入大鍋煮熟，再用冰水降溫冷凝油脂，鎖住一整隻的鮮美。

吃了二十多年，獨鍾「鵝肉亭」，也發展出自己的品嚐法。

先看皮，挑薄薄細緻亮白的，不能太厚帶疙瘩，底下有平板不割舌的骨片，含帶薄膜，中間夾著瘦肉，才能充分享受那油香。民雄鵝肉最美味的部分是**腹肚皮**（**put/pak-tóo-phuê**），純然鵝肚皮的油腴，讓氣味如絲線，幽幽牽連，繫緊味覺的最殊勝。

沾鵝肉專屬的紅醬或配薑絲，改變一下味道；若有鋪底的韭菜吸去肉腥，更可以醒味，是啖鵝肉時的最佳夾配。

鵝肉外帶味道也不會差太多，重點是要冷藏保存好。離鄉時我會剁個1/4或半隻到台北，冰冰的吃，或進微波爐稍稍解凍，頓時鵝香滿屋。

那股脂香，在民雄車站旁的鵝肉街暗自浮動，飄入在地人家的冰箱，成為飯桌上的家常菜。即使日後離鄉背井，將我這輩打貓人繫得緊緊的，仍是鵝油那股迷死人的味道。

身為肉圓的愛好者，我常問我自己：

**上懷念佗一擔的肉圓？**（哪一攤肉圓你最懷念？）

人健在，但場景不在了，是大士爺廟旁的「阿堂肉圓」。

嘉義平原的漫長午後，男孩的肚子容易咕咕叫，饞蟲誘引，我騎著腳踏車便往民雄的廟街而去，正值壯年的阿堂師劈頭就問：「**一粒或兩粒？**」

一次兩粒裝大碗味道會黏糊，我都回一粒，一次一粒，一粒一小碗比較享受，這樣連吃兩粒，柴魚清湯就可以舀兩次。

聽到客人的要求，如田間的土虱扭轉身體，阿堂師瞬即動作。

拿起叉子先入油鍋理一理肉圓，輕輕戳刺測試熟度，相中酥硬的隨即挑出放在中繼站——是西裝領那般鑲在油鍋邊的不鏽鋼薄片，持續來回撥動肉圓，稍稍壓下出油，一甩，將肉圓扭入瓷碗中。

叉子的一側尖銳如刀，利於在肉圓身上劃下十字，皮開餡綻，敷上米醬融出濃厚米香，添匙醬油後，端給舔舌等待的小男孩我。

再於堆疊的湯碗塔頂輕快抓出一只，另一手抽出長長的湯柄，深入湯桶汲出柴魚清湯，順勢扣入碗中，是這組肉圓套餐連續動作的最後甩尾。

我咬開肉圓，滾燙熱皮敷上的米醬，是味覺點醒的前奏。

嘉義款肉圓皮軟而滑溜，可輕易咬斷，我閉上眼睛，欶地一聲入口。叉起胛心肉品嚼，香菇小小塊真有味，沉浸在油香、醬香、米香中，這主旋律真豐美。

壓軸的柴魚湯將口舌洗出清爽，為肉圓組曲拉出淡遠的餘韻。

我鍾愛的阿堂師，之後將肉圓攤讓給弟弟，一度改賣筒仔米糕。時間很短，我的記憶很長，記得他自蒸籠中夾出筒仔米糕後，拿小叉在杯緣內側一旋扭，劃開米糕與杯體稍離，往下倒扣置盤，讓糯米底層的肉燥翻轉而上，微顫動微蒸煙，這微風景我忘不了。

後來，阿堂師就專賣晚餐與消夜場的炒鱔魚麵，他手中做出的小吃，我就是喜歡，他賣什麼我吃什麼，在哪裡賣我跟到哪裡。只見他開啟爐火，巧手執鏟炒鱔炒麵，手勢與力道高超，將那股內蘊的扭勁發揮得淋漓盡致。

歲月更替，哀傷喜樂流轉，化作阿堂師的絲絲白髮。大火猛炒短短數十秒，鍋氣高溫凝聚，人生一瞬，隨著煙霧升騰、盤捲，其火候，仍流傳於深夜民雄的街道上。

# 民雄款早餐：米食幸福

肉粿煎得赤赤，荷包蛋像被子蓋上，淋特製沾醬，這是民雄傳香數十年的煎粿，吃的是皮的焦脆，米的香氣，還有軟彈的口感。

同鄉的郵差先生阿輝說：「民雄是米食天堂。」

民雄街市的傳統小吃，很多是從米粒千變萬化而來的，尤其是早餐，乃一日氣力之來源，鄉下地方勞動人口多，得用米飯填飽肚子，補充能量。對我而言，米飯會化為具體的攤子與老闆的神態，引得我一早起床，就想去見見他們，騎上摩托車便往街區去。

路線就像我的台語冒險小說《大士爺厚火氣》（前衛出版）所描述的，阿媽牽著孫子走縱貫路，到紅綠燈路口轉進去，穿越平交道後，就是熱鬧的民雄市區。街區不大，米食選擇可多得很，算一算有煎粿、碗粿、糯米腸、肉粽、雞肉飯、滷肉飯、油飯、筒仔米糕、青蛙米粉等這麼多。

要吃美味的早餐得早起，有些店不到九點就賣完。像「茂寅煎粿」，本在民雄市場口擺攤，後遷移到民權路轉角的店面。碗粿與肉粿皆為當日凌晨製作，現磨現蒸，用料實在，光看那肉粿堆疊起來將煎板包圍的景象，就令人口齒生津。

老闆將肉粿煎得**赤赤**（**tshiah-tshiah**，**酥黃微焦**），荷包蛋像被子蓋上，澆淋特製沾醬，這是民雄傳香數十年的煎粿，吃的是皮的焦脆，米的香氣，還有軟彈的口感。

曾有朋友問我，北部哪裡有好吃的粿？她很羨慕中南部到處都有。我回說基隆廟口66號的油粿很不錯，片片如玉，款款叉起沾醬吃，是細緻的小點心。

同樣在基隆，著名的還有**大腸圈**（**tuā-tn̂g-khian**），我們民雄叫大腸或**大腸箍**（**tuā-tn̂g-khoo**），都是糯米腸的意思。「民雄市場大腸攤」曾在民雄市場口巨柱招牌下擺攤，後遷移到保生大帝廟口對面，油鍋之上的瀝油架那堆疊如山的油亮糯米腸，真是壯觀。樣子型態各異，就知道是「正豬腸」，不是外型看似完整、口感實不佳的人工腸衣。

這家大腸攤分量很足，腸衣幾乎要被填塞的糯米擠爆。豬腸主要分頭、中、尾三段，顧客可直接對著瀝油架指名要哪一條，我都跟老闆說要吃大腸頭，油脂豐厚真迷人。糯米腸預先蒸熟，客人欽點後再過油，切成一截一截，澆上紅稠醬汁，浮著油蔥與韭菜的腸仔豬血湯濃郁配佐，想不吃飽也難。

肉粽也是民雄人的早餐選擇，南部粽是用**煠的**（**sa̍h-ê**，**清水滾煮**），兩片青嫩竹葉將糯米、花生、油蔥包封，其美味的催動引擎，是半肥半瘦的三層肉，烹煮時肥油化開，在糯米的孔隙增添脂香。

老闆敞開健壯的胸膛，金項鍊閃亮亮，掀開蒸籠蓋抓了顆肉粽來，解繩剝葉，置盤淋醬，動作豪爽。在大士爺廟旁巷子的露天座位（後搬回民雄鄉公所後頭的進興街），我執筷如刀將肉粽剖開，熱騰騰的葉香、油香、花生香、肉香齊鑽入鼻腔。自粽尖切下一角，沾上加了滷汁的醬料，味道相配。

湯料有丸子與油豆腐，單選或混合皆可，撒上胡椒與芹菜珠，輕鬆愜意。

上午的民雄街市像戰場，人車湊集，販售服飾配件與生活百貨，更是舌頭的主戰場，尤其是中樂路的三叉路口，賣芋頭餅、菜燕、綠豆露、潤餅、三明治、蛋餅豆漿等等。

還有家火雞肉飯叫「小甜甜」，清晨五點半營業，店口固定擺上一隻煮熟的大火雞，肉被一片片切下，鋪於米飯之頂，淋上肉燥與白油，加一片醃黃蘿蔔，這碗小甜甜火雞肉飯，餵飽多少民雄人啊！老闆的身材不高，體格精壯，是民雄籃球代表隊的成員，其掌廚跟擔任後衛時一樣威風，架勢十足。

昇平路的「民雄老店魯肉飯油飯」，本位於民雄市場內，是超過半世紀歷史的低調老店。嘉義地區的滷肉飯，有一派為滷汁多且濕潤，和府城款的褐色濃香肥肉丁不同。這家老店的滷肉肥瘦各半，鋪得細細滿滿的，清腴鹹香。油飯密實，肥肉塊精白，在我眼中好似會發光，糯米軟黏，得小小口吃，慢慢的嚐，滋味就會綿綿長長。

一**樣米飼百樣人（Tsi̍t iūnn bí tshī pah iūnn lâng）**，這一粒米變出的民雄款早餐，阿聰我從小吃到大，從調皮的孩子吃成中年大叔，仍不時沐浴於街市的晨光裡，以舒暢的風候佐配，天天都米食幸福。

# 民雄款麵食：最愛是磅皮

徒手將麵抓入碗中，這動作就是搦。最後用指尖理一理，淋上滷汁與磅皮，稍稍瀝一瀝，搦仔麵大功告成。因加了磅皮，又叫磅皮麵。

民雄市場的深處，有家麵攤，客人的主要座位，是ㄴ形的吧台。我從**市仔後**（**tshī-á-āu**，**市場後頭**）走進去，穿越製冰廠與漢餅店之間的入口，順著地上一排沉甸甸米袋直行，走小時候阿媽牽著我的手走過的路，來到這家「澤雄麵食攤」，坐在木製的方形老椅凳，隔著吧台與老闆相對。

我們都叫這家**市場彼擔賣麵的**，一九六三年開業，從早上營業到中午，一邊批發油麵，一邊賣熟食：油麵、意麵、米粉三選一，只見老闆刀法熟練，就著砧板切肉絲與洋蔥，入熱鍋大火爆香，再抓入自家做的油麵，乾炒後盛盤是炒麵，加湯就煮成湯麵，起鍋舀入花紋盤繞的大瓷碗，盛起一整個早上的元氣。

菜牌列出的「抐仔麵」，六旁有提手邊，意思是掌握、用手去抓取，教育部台語辭典的漢字是**搙**（**la̍k**），這是用高湯拌煮麵條和豆芽、韭菜的**大鼎麵**（**tuā-tiánn-mī**，**大鍋麵**），乾熟後倒入淺鍋，用素布蓋著，保持溫度。待客人點買，布撩開，徒手將麵抓入碗中，這動作就是搙。最後用指尖理一理，淋上滷汁與磅皮，稍稍瀝一瀝，**搙仔麵**（**la̍k-á-mī**）大功告成，因加了磅皮，又叫**磅皮麵**（**pōng-phuê-mī**）。

老闆會主動問要不要加蒜蓉？滷蛋？點什麼湯呢？

除了常見的魚丸湯，筍乾排骨湯與冬瓜排骨酥湯繞富特色，來自我們在地的物產，手法用傳統辦桌的**燉路**（**tūn-lōo**，**原盅湯品**），就是將食材放入小鋁筒進蒸籠加熱，燉煮出肉與菜的精華，蒸熟後夾出小盅，倒扣入碗，加高湯，撒上香菜與胡椒，端上這大地的湯品。

第一代老闆本來是賣魚丸的，也順著做苦瓜丸（封）湯，選肥美的白苦瓜肉，鑲入魚漿與豬絞肉等餡料，煮成的湯讓我又愛又恨，咬下苦瓜時需費點勁，又有苦味的後座力，吃兩口就要以肉餡與湯來沖淡，有苦才會甘，好似長輩常對兒孫訴說的人生體會。

我每次來，都加點十塊的磅皮。

什麼是磅皮？簡單來說就是炸豬皮：將生豬皮洗淨後，用熱水燙開，拿刀刮去多餘油脂，切塊後在太陽底下曝曬。民雄的日照數與熾熱度很適合磅皮，曬二到四天乾燥無水分後，就加冷豬油一起**磅**（**pōng，炸**），這就是磅皮名稱的來源。

磅皮在北港稱**假魚肚**（**ké-hî-tōo**），當初是用來代替傳統宴席魚翅羹中的**鮸魚肚**（**bián-hî-tōo**），俗語說：「**有錢食鮸，無錢免食。**」（有錢就來吃高貴的鮸魚，沒錢就甭想吃鮸魚。）即稱讚鮸魚這肉質細膩的高檔食材。磅皮入鍋滾煮後，口感滑溜，質地彈脆，堪比鮸魚這樣的頂級魚鮮。

磅皮在全台各地餐廳不算罕見，煮成羹湯或白菜滷，也有拿磅皮當澆頭的麵食，但滋味都不如民雄，而且，我們民雄街上有三家，可以早、中、晚都吃。

早上是「澤雄麵食攤」，中午就到「民雄椪皮麵」，這家店搬遷過三次，現落腳於民權路上，已是第三代執勺，生意相當好。其磅皮充滿彈性，滷汁美妙，油蔥獨到，氣味較為清淡，不僅我們鄉親愛，在民雄讀書的大專生更是絡繹不絕。可做成湯麵，乾麵則附清湯。點一組貢丸加滷蛋，鴨蛋的蛋黃濃密，拌入麵中更添風味。

晚上則推薦復興路的磅皮麵，本位於大士爺廟旁的飲食街，是以店名「民雄原大士爺廟旁傳統老店摙皮切仔麵」，歷史悠久，滋味濃郁深沉。加足了韭菜、青蔥、烏醋、胡椒，味道辛香，同樣可點貢丸與滷蛋，我從在廟街時就這樣點。

以上三家將磅皮當澆頭，都是磅皮麵，但作法不同：澤雄的麵條已先炒熟，烹煮時直接抓入碗中，是以又叫做搦仔麵。另外兩家是將油麵置於**麵摵仔**（**mī-tshik-á**）滾水燙熟，撈起後上下用力搖晃瀝乾，這動作叫**摵**（**tshik**），手法屬於**摵仔麵**（**tshik-á-mī**），也就是俗用字的切仔麵。

除了磅皮麵，民雄就像台灣其他鄉鎮的鬧區，販賣各種麵食，應有盡有。「阿吉麵攤」、「民雄麵攤」、「民雄當歸鴨麵線」等等，還有位於民雄國小對面的「民雄阿發古早味網絲捲、肉羹麵」，特別之處是吃麵配**繭仔（kián-á，肉卷）**，餡料有豬肉、魚漿、洋蔥、紅蘿蔔與蔥等，用豬的網狀腹膜捲包成長條狀，下鍋油炸，所以又稱**網紗卷（bāng-se-kńg）**，約等於北部常說的雞卷。看著老闆娘熟練切塊，內餡的青菜顏色亮眼，沾哇沙米來吃，油酥與辣氣交襲。

小時候的假日，最期待二伯帶我和弟弟去釣魚，天還沒亮就開著小發財車出發。到了中午，又累又餓皮膚還曬傷，二伯就請我們吃「南意麵」。餓過頭不可猛吃猛喝，他交代先以豬頭皮墊一墊胃。冰櫥裡有滷味，挑了些鴨翅與鴨爪來啃。灶上大鍋的柴魚清湯熱滾燙人，二伯叫我們自己去盛，獨自面對熱灶熱鍋，是長輩對孩子的小小訓練。二伯某回釣魚時不幸跌落深潭過世，南意麵則搬到了民權路，那加肉燥、微微捲曲的意麵，含汁帶味，每次吃每次想起二伯，怎麼去天上釣魚就不回來了呢？

嘉義的鱔魚麵，多用爆炒乾燒的手法，我們民雄則有「阿國」、「阿堂」、「阿立」，可惜榮爵師已過世，懷念那酸甜的老滋味。民雄的鱔魚麵多為傍晚開賣，炒鱔魚麵與炒肉絲麵皆擅，搭配水煮豬腳或炒青菜。阿國師風格清簡，阿堂師功力深厚，阿立炒麵選擇多樣，各有喜好者。

民雄市場裡的熟食攤，本來是給上工前的攤販與採買者充飢的，位於喧囂與擁擠的深處，要非常在地的內行人才知道，我認為是比路邊攤與夜市更有台灣味的所在。

就像早期豬皮是廉價品，甚至被丟棄，這樣的邊邊角角，讓台灣人巧手變化為磅皮，軟彈、脆口、飽汁，三種口感具足。

鄉民的日常竟如此不尋常。

小時候阿媽帶我來民雄市場，偶爾到肉鬆店採買，會和來自同村莊的老闆聊很久的天。我就坐在櫃台上，邊吃肉乾邊踢著雙腳，看對面澤雄麵食攤的老闆與顧客也在聊天，亦是認識許久的老朋友。

多年後，小男孩長大了，變成飄撇的大人，只要回民雄一定到市場去，坐在乚形攤台前的木製椅凳，溫習家鄉的味道。從第一代苦幹實幹的老老闆開始，到兒子回來幫忙，再娶了個善解人意的太太。猶記得新婚燕爾的兩人，還跟我分享偷閒去看電影的浪漫滋味。轉眼間，第三代也長大了。

攤前的這一切，彷彿昨日才發生，多麼希望這滋味延續下去，讓我可以一再回來，為了那碗磅皮麵，因為：

**擔仔前有感情（Tànn-á-tsîng ū kám-tsîng，攤子前真情意）**。

輯二。

# 坐在搖滾區

# 吹海風的麵擔仔：高雄乾麵的氣口

愉悅地吃食、暢快地流汗，
肉片留到最後的最後，
沾碗底的腴油豪爽入口，
大船出港。

你要離開了高雄，棲居冬季竟日濕冷的台北，就會想念起港都的乾麵。也是在北部連月陰沉、冬陽好不容易露臉後，鼻子彷彿聞到一股豬油香，那是高雄乾麵的**氣口**（**khuì-kháu**）啊！

豆芽爽脆，或以韭菜增翠，一定要有**肉柿仔**（**bah-phuè-á**，**肉片**），兩三片伸長了腰慵懶躺著，甚至乾裂出紋路，乃整碗麵視覺的樞紐。

抽出番茄紅的塑膠長筷，先把肉片夾至碗緣擱著，再將麵條與豬油使勁拌匀，滿盈的脂氣蒸騰超拔，這是味覺的愉悅之海。

麵條可選圓或扁、有粗有細，豬油濃厚還會更濃厚，就像高雄人強烈的個性。喝口湯，筷向小菜，盤中滿滿是切料。在豬腸衣裡灌粉加肉丁的**粉腸**[1]，有紅白兩種，紅色表示豬肉、白色填魚肉，沾醬油膏拌蒜泥，濃郁還會更濃郁。

高雄港吹來的輕風，帶淡淡的鹹味，光線無比明亮，愉悅地吃食、暢快地流汗，肉片留到最後的最後，沾碗底的腴油豪爽入口，大船出港。

我吃過的高雄款乾麵，多在哈瑪星與鹽埕埔等老街區。以就讀四年的中山大學為中心，從西子灣出發，去領略陽光般的麵食。

我的高雄款乾麵初體驗，發生在港都罕有的寒夜。那時，我是剛上大學的菜鳥，頂著成功嶺受訓回來的呆呆平頭，下課後也不知要去哪裡，整天就在宿舍裡頭鬼混。冬夜冷，懶得跑遠，我跟室友抱怨已連續好幾晚以泡麵充飢，該換點新口味吧！

室友吃了數日泡麵都不膩，反唇相譏說那是我的問題，此番言語踩到我的紅線，憤而穿上大衣放聲揚言：

**我欲去買好食的消夜轉來。**（我要去買美味的消夜回來。）

騎著摩托車，逆風在西子灣飆速，繞過柴山，來到內港船渠旁的蓮海路，繁華落盡的哈瑪星就在不遠處，時光仍微溫著。那時我只去過六合夜市幾次，對鹽埕埔的小吃還懵懵懂懂，只知道往哈瑪星代天宮的廟口而去。

夜已深，廟口的攤位多已熄燈，我在日治初期填海造陸、棋盤式規劃的街道中穿行，負氣出走的我，一定要找到獨特的滋味，讓室友後悔！經過渡船頭，鑽進老洋宅旁的小巷，在堆滿廢棄纜繩的鐵籬邊，發現了那家**麵擔仔（mī-tànn-á，麵攤）**。

老闆頭微禿，人矮壯精實，板著面，發出拆船般鐵錚錚的氣口。不似廟口賣珍珠奶茶的阿姨嘴超甜常打折扣，鐵面老闆烹煮好算過錢後，就把乾麵連餛飩湯拿給我，再沒其他話了。

帶回宿舍，室友吃得欶欶叫，在高雄長大的他說這乾麵很道地，標準的港都款。

我邊喝濃郁的餛飩湯，邊描述老闆的鐵臉與氣口，揚言要跟老闆變成好朋友，之後還四處跟同學推銷這家麵攤，宣布我的交友計畫。

老闆實在太有個性，努力多次仍沒講到幾句話，朋友沒交成只能當顧客。鐵著臉的他，跟面容哀愁的太太共同經營著「阿水麵店」。

此後去阿水麵店，都在港都典型的豔陽溽熱天。那時鼓波街旁堆放著各種船隻零件，麵攤屈居其中一格，隔著鐵籬笆和堆積如山的鐵器五金共處。攤檔與熱鍋立於中央，頭頂處搭上簡陋的板片，座位向兩邊延伸，挨挨擠擠的，讓我這不怕熱不怕雜的大學生容身。

乾麵的豬油下得重，雖強烈但讓人著迷；湯頭熬得濃濁，撒上芹菜珠稍稍爽口些。我這農村長大的樸實舌頭，透過了乾麵，領略到港都的強烈氣味。

舊木櫥裡擺滿切料，幽幽暗暗給人一種神祕感，我手拿夾子當作百寶箱探索：豆乾、滷蛋、米血、豬頭皮黑湛湛的，豬舌與豬軟管相對顯白，夾子取出有黑有白，老闆切成黑白切，像輪船載滿了貨，端到我面前來。

大骨熬製的高湯頻頻冒出蒸汽，與悶熱空氣混融，蓋過魚鮮腥臭與廢油鏽鐵味，老闆是用氣味而非言語跟顧客交流的。只見他將麵條煮好瀝乾，甩入碗中，和醬料快速攪拌，那樣的氣勢與勁道，讓我想到**巴結**（**pa-kiat**）——台語此處非奉承之意，而是從事勞力工作者認分認命的專注與執著。

這樣巴結的老闆，巴結的功夫，巴結的脂香，榔頭般敲打拗折出我的港都印象。為生計而奮鬥，老闆執筷拌麵之重，是顧客迎著海風吃食的自在之輕，實在辛苦。

大學四年，是我探索高雄款乾麵的黃金時期。

我的愛店還有代天宮廟口的「汕頭麵呂」，現已是觀光名店，彼時，可是很悠閒親切的。

一九九七年，我搬離學校宿舍移居哈瑪星，每每在星期日早晨，打完籃球回租屋處盥洗後，渾身清爽、短褲拖鞋地踅至廟口吃汕頭麵。

我都點乾的，麵條選**闊的**（**khuah-ê，寬扁**），夾帶韭菜與豆芽，浸於肉油醬汁中，擺上肉片。

我面前的這碗乾麵，平底淺盤邊滾繞著花紋，拿起筷子將麵條、肉油、韭菜、豆芽拌勻，運動過後的我飢腸轆轆，大口吸吮而入，這是青春的暢快。

滷味小菜櫥擺在靠廟埕廣場那側，大鐵盤滿滿的各種食料，錢包比較滿時，就切一尾小卷來嚐。還有還有，湯有餛飩、貢丸等基本款，我就愛骨仔肉湯，撈起湯中的軟骨與瘦肉，沾店家自製的醬，細細碎碎的很夠味。

除了感受港都的風光，也觀察麵攤的互動。站台掌廚的女人還要忙著招呼客人點菜，相當能幹，其旁有人幫忙切小菜，男老闆看起來溫吞溫吞的，店內這幾個人性情不同，彼此間聊八卦，開玩笑，偶爾吵架。

在窄隘的油湯間忙碌，匆忙來去不會相撞，開店久了，既衝突且融合，猶如劇場，搬演小人物的喜怒哀樂。

吃完汕頭麵，醬油味仍在口中縈繞，就漫步到鼓元街和延平街交叉口的冷飲攤。攲斜蔽天的欖仁樹下，籐椅上的阿公阿媽在看小電視，Z頻道的日本摔角正殘酷。口味可選甘蔗汁加檸檬茶，紅茶加牛奶，或是純純的冬瓜茶，清涼消暑。

這是我的固定行程，大學黃金年代的美好，是以乾麵與涼飲來定位的。

代天宮旁的長安街，也有一家乾麵，是同班同學、成大中文系教授黃聖松的最愛，我倆每在鮑國順老師的《荀子》課後，一同到這家麵攤繼續論學，談儒家思想中「仁」與「禮」之義理。某次辯論正激烈，隔壁桌的陌生客人突然插話，原來是已畢業的外文系學長，在社會走跳多年，對儒家思想有實際的體會，滔滔不絕地分享經驗，我們兩個學弟聽得一愣一愣的。最後，學長遞出名片，跟我們推銷濾水器（那時高雄的水質不優，要裝RO逆滲透過濾比較好）。

大多時候，我隻身探索乾麵：打狗文史再興會社、新濱老街廓轉角處那間有家常味；鼓元街與臨海一路交接處，長條的鐵皮屋頂下那家是古早味；鼓山第一公有市場入口處，喧闐人潮間，賣的是素食麵。

哈瑪星的乾麵消失得很快，好多家後來都找不到了。

我摩托車也常騎遠，穿越濱線鐵路前進鹽埕埔，在「王牌羊肉海產店」往「鴨肉珍」紅磚屋舊址的轉角處，到「大胖豬油拌麵」吃晚餐；風味道地的還有「崛江麵」與「大義街無名麵店」，「阿進切仔麵」與「鄭家切仔麵」更是神品。鹽埕埔街廓筆直的大街小巷，有探尋不盡的好味道：「天天沙茶火鍋」，「水源羊肉海產店」，「郭家肉粽」，「小西門燉肉飯」，「大溝頂虱目魚米粉湯」，「米糕城」，「老王壽司」，「冬粉王」，塗魠魚羹，溫州餛飩，雞絲麵，菜尾湯，滷味，「李家圓仔冰」，「高雄婆婆冰」，冬瓜茶，新樂街聞名的奶茶……

去鹽埕埔都像在探索未知，朦朧中充滿美味的期待。[2]

大學畢業後，我離開了高雄，到台北讀書結婚定居。同時，也在太太與好友的帶路下，走遍基隆的港畔山巒街市，和雨都作家鄭栗兒合寫《基隆的氣味》一書（有鹿文化）。

我發現，像基隆與高雄這樣的港埠，特別盛行乾麵，方便煮食，可讓客人速速飽足，符合人來人往流水般的即時需求。

北有基隆，南有高雄，乾麵各富特色。

基隆老一輩把乾麵叫做**廣東仔麵**（**kńg-tang-á-mī**），麵條寬平素白，微微捲曲好附著醬汁，大多以油蔥酥增味，因麵體偏硬，老闆總提醒要先用筷子拌開。基隆款乾麵外表平淡，就像基隆人的面容，初見有點生硬，開口聊起天後，尷尬很快就化開，越聊越高興，短短的時間交到這位好朋友，喜歡上基隆的氣味。

直爽的高雄人也很好相處，像又濃又香的豬油，見面就是熱情，冒出來隨即攫著味覺，強烈的氣口深深吸引著你，讓你一再回來找這位豪爽的朋友。

基隆款乾麵重嚼勁，口味比較重的人，會加甜辣醬或基隆名物丸進辣椒醬。標準配備為餛飩湯，現場手工包餡，湯頭要豬大骨熬製才合格。黑白切的選擇多樣，最特別的是吉古拉，是在地化的日本竹輪（ちくわ），可說是基隆小菜的代表。

高雄款乾麵以脂腴著稱，猶如「港園」著名的牛肉拌麵，招牌油香點出了港都的主味道。相較於基隆，高雄的餛飩比較有勁，皮和肉皆是，麵條也是，是用鏗鏘力道敲打出的紮實。

而我印象最深的高雄切料，一直是粉腸，沾醬油膏拌蒜泥，甜鹹中散發出微微酸氣，和豬油香一起，如陽光炙燒，如浪濤捲起，如吃水極深的大船，在味覺的海洋中壯闊航行。

1 粉腸的台語若唸做hún-tn̂g/tsn̂g，指豬的十二指腸。若唸hún-tshiâng/tshiân，為豬腸內灌入甘藷粉與肉丁等內餡之食品，腸在高雄的優勢音為tshiân。

2 詳盡的鹽埕埔美食，請讀郭銘哲《雄好呷》及《雄合味》，木馬文化出版。

# 恭仔阿明和阿江：府城點心三連拍

師傅要專注的，是恆定的味道與功夫。他總在那兒，給一盞昏黃的燈泡照亮，大顯神那般的技藝。府城的夜晚，因大勺敲擊熱鍋的響亮而鏗鏘著。

## 恭仔肉燥意麵

老闆就在那兒，邊招呼客人邊**踅踅唸（seh-seh-liām，喋喋不休）**，身著繡上店名的招牌圍裙，意麵就端上了。

這就是「恭仔肉燥意麵」？王浩一《慢食府城》（心靈工坊出版）書中推薦這間？以創始者張明恭的暱稱「恭仔」為店名，而在我身旁繞入穿出的是第二代老闆，從小在麵攤幫忙，三十歲接手就一直做到現在。

眼前的這盤招牌意麵，麵條的模樣很隨意，捲入軟軟的青菜，浸於肉燥湯汁中，肉片擺得不是很整齊，就正中央的蝦子比較亮眼，盤緣有胡椒粉撒過的痕跡。

我住在附近的廉價旅館，設備簡陋不說，還有一股糾纏不去的庸俗香水味，冷氣口還對著床頭。昨晚實在睡不著，便三更半夜出門散步，順著懸吊的大紅燈籠而行，府城的巷子不用尺，比較像徒手劃線，手不夠穩定就歪斜歧出了。燈籠延伸進了巷內，表示可以走，裡頭藏了間角頭廟，奉祀著我不熟悉的神明，這要從清朝的五條港歷史談起，屬於某個**境**（**kíng**，**聯境組織**）。

聯境組織，最初是地方廟宇為了聯防而組成的單位，這些廟宇互相支援迎神賽會等活動事宜，就像人間的鄰里。這是神明界的行政劃分，是府城獨特的傳統組織。我若在府城過夜，會專程把旅宿所在的聯境內的廟宇都走踏過，一境一境來認識府城。

新美街靠民生路的恭仔意麵，屬於六興境，繞進其後頭的巷子，就是「開基開山宮保生大帝」，一間小吃或一處市集，總會有廟宇護持著，在府城吃小吃，是有神明保佑的。出了巷口來到民生路，一連三家小吃名店：「松竹當歸鴨」，「卓家肉燥飯」的魚麵與魚冊湯超經典，「冰鄉」一碗芒果冰內有四種芒果，淋上的是芒果汁，季節限定。

從昨晚的夜遊繞回眼前這盤麵，袖珍意麵牽引起肉汁，初入口味道不鮮明，電風扇吹來，有肥有瘦的肉汁後襲，好吃感就來了，真的很好吃，非常好吃，外表與內在竟有這麼強烈的反差。

在府城，不要單單看外表，要深入其內涵，才得真滋味。就像府城的市景，看似粗疏有點凌亂，只要步入巷內，在彎曲起伏中感受那時間累積的生活氣息，會讓人著了迷不想出來。

老闆還有許多絕招，魚翅鮑魚水餃，港式盅湯，冬粉系列，更不要說各式滷菜與黑白切：鴨血做的米血，齒牙感爽脆，浸於醬汁中，撒上蒜泥和香菜，切料我最愛這味。

神明的聯境組織是有**交陪**（**kau-puê**，**交情往來**）的，府城各意麵攤彼此不一定有關係，卻可繪製意麵地圖：大菜市內的「阿瑞意麵」歷史悠久，府前路的

「阿龍」以彩色蔬菜麵著稱，成功路的「阿娥」素樸悠然，友愛街巷口的「小杜意麵」從傍晚賣到半夜，高麗菜和肉片同其肥腴，在巷側擺桌置椅貼著牆壁吃麵，真是尋常市井的怡然自得啊！

真愛府城的意麵，甘願在氣味的巷弄中迷路，繞著盤著沉浸著，不想離開。

## 阿明豬心冬粉

阿明就在那裡，站在攤台的C位，烹煮動作亂中有序，身體忙著轉，腦袋更是，計算結帳的金額，該輪到哪桌要出哪幾道菜，正值春秋鼎盛的他一手包，不需要菜單，不會出錯。

阿明的腦子到底是怎麼運轉的，乃府城眾多的謎團之一。同時，也是眾人目光的焦點，店門口被外帶與排隊等位子的顧客包圍，確定有位置的顧客被安排在店內，像狐獴，翹首期盼著。

二〇〇八年，我第一次去吃「阿明豬心冬粉」，那時不懂事，默默等了許久。看隔壁桌出聲反應，菜好像很快就會來，鼓起勇氣提醒老闆，阿明隨即轉頭大喊：

**我知影你點啥，等一下就著你矣。**（我知道你點哪些，等一下就輪到你了。）

果然很快就輪到我，豬心冬粉、鴨腳翅、骨髓，一樣都不差。此後我再來，像勤奮的學生主動舉手，有疑便問。某次，見桌上有個小罐子，掀開蓋子看，裡頭黃黃稠稠的，出聲問阿明這是什麼？

**番仔薑，薟（hiam，辣）的啦！**

喔，是辣椒醬，辣的啊！加一點點伴鴨腸吃吃看，奇怪，不會辣啊！我另舀一小匙用舌頭舔舔看，沒想到，是甜的！

府城有其自成一格的味道，阿明也有他自己的阿明模式，客人再怎麼多，場面再怎麼混亂，甚至有記者在旁邊拍攝邊詢問，阿明都有其邏輯，外人看不懂，只有他自己清楚。

有人推薦別家的豬心冬粉，多為阿明的親戚，比較不需要等候，態度也和善些。我不太介意時間之消耗與老闆的怪脾氣，只關心吃本身，經一番比較還是阿明最優。

阿明忙碌的身影與攤位上方的招牌字體，是這家店最鮮明的標誌，宏亮的聲音駕馭全場，聽仔細了，是帶有哀愁的。等待總是很久，顧客也要思考許久，每一樣都很誘人，到底要怎麼點呢？

以往品項都記在阿明腦中，後來有菜單就比較清楚了，分乾的、湯的、加冬粉與加麵線等四大類。若以烹調手法來區別，除了水煮豬腳，主要有清燙與蒸炊兩種。

切片清燙的主要為內臟類：豬心有嚼勁，豬肝沙沙帶脆，腰子光滑又肥又厚，點綜合的三種都有。舉豬心冬粉為例，一般做法是切片後在熱湯中快速汆燙，瀝乾後另加高湯與冬粉同碗。阿明則是切片後置於小鋁盅，放入大鍋中隔水加熱，且舀些高湯入盅共熟，不僅將豬心燙得鮮嫩，原萃也全都留存，鮮美加倍。

至若蒸炊法，焦點在攤位正中央的圓蒸籠，蓋子掀開，裡頭有鴨腳翅、排骨、骨髓、腦髓。阿明將傳統的燉路手法發揚光大，蒸一、兩個小時使其慢慢熟透，不僅保存肉質，同樣的也將精萃留存於小盅中。

鴨腳翅，台語叫做**鴨跤翼仔**（**ah-kha-sit-á**），發音的結構和鴨腳鴨翅還真像，不僅蒸熟還非常軟爛，一吸入骨節即鬆開，吮滑嫩的皮，嚼鴨肉的美，再咬碎骨頭逼出裡頭的髓汁，齒牙口腔吸吸吮吮，享受一連串細緻的滋味。

對於我這種南北走跳，四處穿街繞巷，在市場、路邊攤、店家覓食尋味的饕客而言，到最後徵逐的不是分量、食材、調味，而是邊邊角角的巧手調製，就像鴨腳翅，透過吸、吮、嚼、嚐，感受皮、肉、骨、髓的口感變化，邊邊角角成為至極的美味。

阿明真的很忙，下午五點就**扞鼎灶**（**huānn-tiánn-tsàu**，**掌廚**）到深夜，在保安街施展十八手觀音那般的手藝，以薑絲、蒜頭、米酒、麻油等調味，其烹飪功夫到底有多厲害，是府城永難解開的謎團。

# 阿江鱔魚意麵

阿江就在我面前，乾淨臉面浮現出紅潤，台語所說的**紅膏赤蠘（âng-ko-tshiah-tshih）**，沒在招呼客人也沒在炒麵，人就站在那兒，如如不動，像尊木雕神像，給一盞昏黃的燈泡照亮著。

阿江鱔魚意麵，位於灰色連排街屋的其中一格，亭仔跤為客人用餐區，屋內為廚房與備料所在，以攤台併木桌隔開內外。從經年累月煙燻的白牆壁可看出此店之老，還貼滿神明出巡與廟會的海報。正對顧客的牆堵貼上紅紙，以毛筆書寫菜單：鱔魚意麵、鱔魚米粉、乾炒鱔魚意麵等三、四樣。

攤台上疊著意麵，有淡淡的油炸味，底盤還散斷著碎麵條。四口老陶甕裝盛著神祕的醬汁與調味料，一字牌烏醋與五賢陳醋立著。鱔魚早已殺好，顏色鮮豔亮眼，原來，這就是賞翫骨董者口中所說的「鱔紅」。

我就坐在攤前的木桌，鱔魚意麵點乾炒的，客人一個接一個來，阿江為何還沒動作？忍不住就問了：

**將時生理真好乎？**

問生意如何，我刻意用**將時**（tsiàng-sî），是府城特有的用詞，「現在」的意思。

**你曷無來過矣**。

我沒看過你，第一次來吧！果真是台南師傅的脾性，自豪很會攀談的我受傷了，鱔血緩緩滴出。

意麵已先用熱湯在炒鍋中煮開，預放在白鐵小圓箱裡。幫廚掀開蓋子，插入筷子轉個幾圈夾起，預放入碗。

此時，阿江執刀片鱔，展開神般的技藝：拖出殺好的鱔魚條，流利劃開或剁個二刀，拋入大碗公，且拎幾粒蒜頭用刀面拍破，抓一大把洋蔥，全放入碗公中，撒上辣椒粉。

同時間以猛火燒鍋，用大勺舀些肉油，將碗公內的料全倒入，冒出白煙來。阿江快手撥炒，順勢加入醬油等調味料，在短時間內快熟。添醋增一股酸氣，起鍋，淋在意麵上，使其吸收醬汁與熱度，最終撒上白胡椒粉，插入湯匙，往騎樓下的顧客端去。

這碗乾炒鱔魚麵分量不多，恰是深夜點心之滿足。鱔魚片是那種飽實的厚味，意麵於微辣的醬汁中蘊含深沉的內力，是阿江獨一無二的火候，讓白日吃了七、八樣小吃極膩極飽的我，味覺再度被喚醒。

不必質疑府城的小吃攤為何總是那麼不顯眼，也不必客訴店家的態度與服務，師傅要專注的，是恆定的味道與功夫。

阿江總在那兒，給一盞昏黃的燈泡照亮，大顯神那般的技藝，府城的夜晚，因大勺敲擊熱鍋的響亮而鏗鏘著。

# 不只炕肉飯肉圓：彰化市素食小食

勤於在彰化市鑽巷、拜神、找神祕角落，還不是為了吃好吃的。半線之走踏，我吃得最多的，不是三寶，是素食。

那時剛跨越千禧年，手機不普遍，網路訊息仍未聚成蟻群圍攻人類的焦慮，高鐵還沒開通，時代仍緩速。從台北回嘉義我就愛搭火車，在預定的回家時間之前，會空出半天的悠閒，找處城鎮下車走走。

這樣隨興了幾年，最常去的是彰化市，在火車站與八卦山之間走踏。

彰化市和嘉義市皆為中南部的古縣城，氣候、族群、語言類似，但彰化的精華區更為濃縮，不似嘉義四面八方往阿里山與諸羅平原而去。

嘉義市在日治時期執行棋盤式的都市計畫，出火車站走中山路過噴水池到底就是嘉義公園，像拿尺測量過那般。走踏彰化市，前幾次我也以棋盤為概念，以火車鐵軌劃出的南北為尺，準此方位而行。然而，一步入站前的小西街巷內，隨即被清朝的街道給拗彎，亂了方向，走著走著，很神奇的竟到了八卦山腳下。

彰化前站區的街道盤繞斷續，圓環也小，路幅不寬，甚至在巷子的半空中搭屋連接。我曾誤闖無尾巷，被深處人家的狗兒追出來。

此地古名**半線（Puànn-suànn）**，源自平埔族社名，用以類比舊縣城的空間，真的就半線而斷。

晃遊嘉義市的樂趣，是隨時可嗅聞枋仔厝的古樸芳香。在彰化市走踏，街巷鑽著鑽著不小心就進了寺廟：觀音亭、關帝廟、聖王廟、慶安宮，肅穆恢宏的孔廟與天公壇，有神明導引，神妙就在其中。

因日治時期的市尹執行總督府「眾神歸天」政策，二戰時期又遭到美軍轟炸，嘉義市的古廟保存至今的比較少。彰化市則比較完整，傳統廟宇與市場，連同肉圓、炕肉飯、貓鼠麵這「彰化三寶」，在八卦山下涵蘊傳承著。

勤於在彰化市鑽巷、拜神、找神祕角落，還不是為了吃好吃的。

半線之走踏，我吃得最多的，不是三寶，是素食。

我是豆皮的愛好者，自然就會愛上彰化市的素食湯，以及**菜麵**（**tshài-mī**，**素食麵**）。湯頭主要是蘿蔔熬的，淡淡清甜中加入各種素料：方塊白豆腐，脆口的素丸，蔬菜與香菇絲，舀一匙素肉燥化入，滑溜豆皮，美味更甚葷麵。

酥軟的豆皮有餡，就豐富為**豆包**（**tāu-pau**），我比喻為素食的肉卷：將筍丁與香菇包入豆皮，小小一捲，捲入百般滋味，磨一磨牙齒，再將皮嫩與炸韌一次咬開，細嚼餡料，充分滿足。

想吃彰化市素食攤的豆皮、豆包、素食湯與菜麵，永樂街的「林家素食」有滿滿的食材，以及最佳觀賞位置。

店家將攤車外移，切齊南門市場旁的永樂街，留方敞店面給顧客。抵著方柱的圓桌與攤車最接近，得以從後頭盡覽烹煮動態：健壯的女老闆手腳敏捷，素料爆多，應顧客之挑選要求，下麵、燙菜、舀湯、裝袋，蘿蔔素丸豆腐在湯鍋滾沸著。

林家素食的品項繁複，油麵、米粉、冬粉、粿仔，乾的或湯的，還有滋補的藥膳什錦湯。無論怎麼搭配，一定要有豆包，林家的跟其他素食攤不同，裡頭包完整的金針花，來沾番姜醬——台語正字**番薑仔醬**（**huan-kiunn-á-tsiùnn**，**辣椒醬**），林家素食使用彰化市出產的「吳記蕃姜醬」，亮橘色有甘草味，最在地最搭配。

豆皮可另外單點，汆燙後撒把香菜，淋醬端上，很專門的樣子，專門讓我在騎樓下、方柱旁，獨自嚐味。

向來我最怕素食，素油的味道令我生畏，唯獨在彰化市，素食麵的排位優於肉圓。

習慣吃菜麵後，由素返葷來看彰化的飲食，體會當更深。

陳淑華《彰化小食記》（遠流出版）所寫的**小食**（**sió-tsia̍h**），是華語「小吃」直譯為台語之新式說法，其實「小食」的本意為食量小、吃不多。

台灣的庶民吃食，除了餐廳與辦桌，在府城都稱呼為**點心**（**tiám-sim**），是用來解饞賞味的，俗語所說的**食巧無食飽**（**Tsia̍h khá bô tsia̍h pá**）。

隨著經濟發展與社會型態的改變，外食大為普遍，店家攤位的樣式與分量增多，點心越來越不能涵納所指，就從華語的小吃借詞，變成台語的小食。彰化市的庶民飲食，是可以吃得很飽的，小小的舊縣城圍起的滋味，圓滿具足的形狀，像肉圓，像飯碗，像炕肉。

在彰化市吃炕肉飯，我總為那塊炕肉震撼，頻頻發出讚嘆。尤其那滷過的皮、脂、肉三層，以竹籤串過仍能團塊著，像古代文人拿筆在漢字旁圈起的句讀，簡直是藝術品。

彰化與嘉義這兩座城市，火車時間相距一個多小時，「市飯」特質很不同。彰化炕肉飯有一說源自辦桌的封肉，嘉義火雞肉飯則以日式飯食的層次結合美援火雞肉品。炕肉飯的肉、飯分離，微微有滷汁滲入米粒，以菜脯和鹹菜增味，扒飯與吃肉通常是分開的。火雞肉飯是將雞肉鋪於飯上，可肉飯分離，更可將兩者攪拌扒食。

火雞肉飯是肉、飯、醬汁的綜合變化；炕肉飯則聚焦於豬肉，無論是三層肉、二緣肉、**箍仔（khoo-á，腿庫膝關節）**、豬皮或腳筋，火候與滷汁絕妙精到，讓人早中晚消夜都想來個一碗。

再來談肉圓，大彰化地區主要分南北兩派，南彰化以北斗的小三角軟皮為代表，彰化市是料多皮韌的北彰化霸主，在這之間，各地有豐儉的漸層與配料之差異。

據《彰化小食記》考據，彰化市肉圓本是熬粥加甘薯粉，之後以米漿摻甘薯粉，現在則以甘薯粉為主流，皮才會越韌越有嚼勁。隨著時代演進，餡料越見增多，甚至加蛋加干貝的，儼然當作豐盛的正餐。

對我這嘉義舌頭而言，肉圓的屬性偏向午後點心，吃個一兩粒解饞就好，無論如何都不會像彰化市肉圓，料那麼多，皮那麼韌，全然正餐規格。嘉義肉圓跟火雞肉飯類似，美味關鍵都在香氣，火雞肉飯最誘人的是那匙醬汁，肉圓是外皮那藉油散發出來的米醬香。

彰化市的肉圓，在圓滿的皮與豐富的內餡中，成其豐盛。猶如彰化這城市，古舊的氣息，小巧的尺度，路歪斜斷續，帶點偏執而行，樸素中深見解，清簡中深蘊藏，精練小食，最終清朗見昂然大佛。

某次在八卦山的台語文化園區演講，談到我在高雄蚵仔寮吃過的**白糖粿**（**pe̍h-thn̂g-kué**），簡單說，就是將麻糬油炸後起鍋沾白糖的點心。白糖粿內裡軟糯，表皮炸得硬脆，還帶糖的顆粒感，嚼食時喀滋喀滋響，內外口感的差異頗為懸殊。

白糖粿主要流行於高雄與台南，過去較少在嘉義以北看到。演講時我提出如此觀察，聽眾就有人舉起手說：彰化有**秫米糋**（**tsu̍t-bí-tsìnn**，**糯米炸**）喔。這位聽眾來自高雄，到彰化工作多年，很想念白糖粿的滋味，有幸在「阿璋肉圓」斜對面發現糯米炸。她比較了一下，同樣是用**圓仔粞**（**înn-á-tshè**，**糯米糰**）來炸，各地差異和新近流行的先不論，高雄原本沾的是白糖，彰化則為花生粉。

演講結束我隨即衝下八卦山，在長安街找到了「堂記糯米炸」。只見老闆不疾不徐將捏成小球形的糯米團下油鍋，邊炸邊撥弄以防黏在一起。我得趕車，急問老闆多久會好，老闆半開玩笑地兇我：

**你是無食過喔，真緊啦！**（你不曾吃過喔，很快啦！）

速度還真的頗快，只見那炸得酥脆的半成品起鍋，倒入用鐵盤盛裝的花生粉中，在裡頭滾啊滾啊滾，我在旁邊等邊看仔細，花生沒磨得特細，有點像花生粒。

炸好入袋，早就付錢的我提袋就衝，兩彎三繞到火車站，真的是又近又快，距車班到站還有點時間，找了處角落貪吃了起來。

白糖粿我吃過的是長條型，外皮比較硬脆，清亮的聲響與內外懸殊的口感，確確實實撼動了味覺與聽覺。糯米炸也是外皮脆、內軟燙，花生粉中摻些許糖，是彰化市的口感與甜度。這燙手的小食，猶如金色小胖雲，小小粒的真可愛，一粒一粒飛進我肥圓的肚子裡。

搭上預定班車，我離開這小巧的小食圈起的滋味圈圈。

下次來彰化市，我還要去買陳陵路的「苔條花生」，「大元蔴薯」甜的花生與鹹的滷肉都帶，也希望像上次那樣幸運入手「不二坊」的蛋黃酥。

還有哪家肉圓沒吃過呢？素食可有好多家，蒸餃也不錯，老牌的木瓜牛奶真是香濃……那乾脆住宿過夜好了，清晨早起看有沒有機會吃到那家只賣兩個小時的炕肉飯。

# 豬腳麵線夜腴深：大稻埕媽祖廟口

仍亮著溫黃燈光，照亮孤寥街道，也點燃了我的食趣。大腳一跨，在湯水滾沸的攤子前落坐，與手臂胸膛皆粗厚的老闆，相對。

入夜，車停大橋頭，我的饞意向來往北，便朝喧闐的延三夜市而去。腦中的美食雷達開始掃描：點盤鯊魚煙喝啤酒，大腸煎配香腸，「阿欉大橋頭肉粽」，「灶頂」原汁排骨湯和高麗菜飯，這是前段。再往北走，則有滷肉飯，潤餅，四神湯加**割包**（**kuah-pau**，**刈包**）；還有豬頭飯，快炒攤，鮮肉湯圓，以及最讓我耽溺的「汕頭牛肉麵」——中藥湯頭滋味約約若若的，最是溫潤。

主餐不宜吃太飽，留些餘裕給甜食：豆花，現榨果汁，以及我鍾愛的滾滿花生粉的「魏祥記純糖麻糬」。

營業至凌晨的「旗魚新竹米粉」，則是夜半醒酒的明亮星光。

此時我卻不餓，許是進場時間早了些。

大同區的老街廓，多為白日限定，入夜寂寥，在空蕩蕩的街道**賴賴趖**（**luā-luā-sô**，**閒晃**），我一個人彷若遊魂，看路燈照亮洗石子樑柱，磁磚煥發舊時代釉彩，抬頭望，山牆再怎麼華麗，上頭的藻飾都要睡著了。

延平北路二段的大稻埕公學校，日治時期曾招待來訪的日本皇太子，後切分為太平與永樂兩間國小，一九六八年為顧及學童安全，由中藥商捐款興建平樂人行陸橋，是台北市現存歷史最久的陸橋之一。路過時我會刻意登上去再走下來，從小學生的角度測量城市的高度，體驗五十多年前的現代化架構。

入夜後，孩子們早就放學了，居民紛紛回家倒在沙發上看電視，觀光客已離去，位於永樂市場與迪化街外圍的此處，寂寥得很。我就偏偏要往寂寥更寂寥處去，步入涼州街，想說多累積些步伐數，好騰出胃袋養大饞蟲。

那去慈聖宮拜拜媽祖，安頓安頓這荒涼之心。

台北這城市無處不擁擠匆忙，一靠近慈聖宮，好似來到了鄉間，紅磚長牆內有遮天巨榕，鳥叫聲吱吱喳喳。在地人都知道，太陽下山後廟口便歸於寂靜，最佳賞味期為凌晨至中午時分。

廟埕西邊靠牌樓側，一格格緊鄰排列的攤位形成小吃巷，大多是賣了數十年的老攤，是隱匿於現代都市中的古早風味。邁開步伐來回觀覽，感受那熱鬧的氣氛，再考慮要吃哪家。我最常去的是原汁排骨湯，和香噴噴的滷肉飯是一對，**覆菜（phak-tshài，梅干菜）**必點。若不太餓就去吃碗肉粥，可搭食的炸物有蝦子、蚵仔、豬肝、花枝、紅燒肉等。大盤炒飯堆疊如小山，更有燙魷魚、枸杞鰻、魷魚螺肉蒜、毛蟹等奇珍異味。

這兒有台北市難得的怡然天空，陽光自榕樹葉隙疏落而下，和徵逐美味的人影交疊。在侷促的攤前吃粥，與老闆及熱鍋相對，或用托盤端滷肉飯與排骨湯到廟埕，人多一點就叫火鍋和熱炒圍爐歡暢，這是百分百的台灣味。

慈聖宮一入夜，連廟帶埕，猶如沉入海底的礁岩，寂靜幽然。沒想到，有家豬腳麵線仍亮著溫黃燈光，照亮孤寥街道，也點燃了我的食趣。大腳一跨，在湯水滾沸的攤子前落坐，與手臂胸膛皆粗厚的老闆，相對。

菜單就在我頭頂上那塊大招牌，店名「許仔豬腳」，由左往右羅列菜名：依序是乾麵線、豬腳麵線、豬腳湯、腿肉麵線、腿肉湯、綜合麵線、綜合湯。也就是，麵線有乾有湯，豬腳可選腳蹄或腿肉，排列組合成傳承數十年的好滋味。

我先點碗乾麵線，鬆鬆軟軟的，撒上一團寫意的蒜泥，色彩淡黃，味道清爽不嗆口。

腳蹄是皮與筋較多，帶點油脂，瘦肉少，不為飽足，而為享受咬嚙骨頭時的撞擊感與吮皮時的力道。像我這種嘉義來的鄉下人，牙齒大顆且剛硬，骨頭挑軟的啃，咬碎橫斷面，將裡頭的湯汁連同骨髓逼出，展現野蠻的豪氣，果真是敲骨吸髓。

台灣的傳統習俗，吃豬腳麵線可去除晦氣霉運。豬腳為皮、脂、肉的三合一緊實，鬆軟的麵線則散發絲絲縷縷的香氣。就在這一緊一鬆間，讓水逆之人脫離煩躁不順，感受飽滿之碗於圓轉的餐桌中之圓滿。

豬腳麵線在家裡頭是私人的事，出了家門，則轉變為商業模式。主顧跟店老闆**交關**（**kau-kuan**，**買賣惠顧**），要有內外之分，當代用語所說的內場外場。慈聖宮廟口這一排老攤，廚房與顧客不以隔間劃開，而靠一方伸手可及、音聲可聞的空間來過渡，即攤位前的長板吧台。

店家在隔壁另有攤位，方便庖丁處理豬腳。

我邊吃邊觀察那散放豬腳的藍色攤位，只見庖丁將腳蹄與腿肉分類挑開，隨手拎起一塊置於砧板，身子低俯著，這邊翻轉那邊檢視……靈感一來，執刀將腳蹄細細劃開，解開糾結的皮筋，專注熟練。

庖丁有時聊天，有時沉思，攤位平台是他的畫布，散亂的豬腳好似顏料，動作俐落，兩三下便畫出生動的線條與色彩。

挨著這入夜的寥落，我抬腳踩在那用以疊高攤台的磚塊上，攤前勉強挪出了飲食空間，擺上碗盤筷子更顯窘迫，但眼前這高妙的藝術創作過程，唯有坐在吧台前的我得以盡覽。

湯頭添入薑絲與米酒，很清，很純粹。醬油分辣椒清醬油與蒜蓉醬油膏兩種。

主廚忙著燙熟麵線，庖丁照自己的節奏分解豬腳，叨叨唸著生活瑣事，熟客一來，招呼語都很典型：

**「仝款？」**（一樣？）

**「今仔日欲蹄？欲肉？或者是兩項攏欲愛？」**（今天要豬蹄？要腿肉？或是兩者都要？）

**「湯較濟咧喔！」**（湯多一點喔）

**「我和你講一件代誌……」**（我跟你說一件事……）

像我這種誤闖的客人，就乖乖伏首吃著，不要多話。時而望著攤內的忙碌，零碎散亂日常得很；時而打開手機，滑看臉書河道上朋友的晚餐動態；最後打開拍照功能，用影像將今晚的滋味封存。

付了錢，我往後退幾步，背貼巷子另一邊的小吃部門口，拍下許仔豬腳的全貌：招牌下是一個再簡單也不過的攤子，木造的長條板凳帶著滄桑，一盞曝光過度的燈泡照亮老闆忙碌的身影，也照亮攤位一切細節，數十年如一日的勞動。

廟門還沒關，就去拜拜吧，讓胃袋與心靈平靜一下。

慈聖宮，永樂市場旁的霞海城隍廟，南京西路上的法主公廟，合稱「大稻埕三大廟」。慈聖宮開基時本位於現民生西路上，日治時期因開闢道路被迫遷移至現址重建，形制相當完整，信徒得以按部就班，依空間次序，邊緩步敬拜邊欣賞建築之美。

在香煙裊裊、蠟燭點點燃亮的空間內，媽祖神像與眾神明是如此慈祥和藹，溫暖了入夜的舊市街。

我虔誠地對媽祖敬拜，祈求親朋好友都能健康平安，也特地到龍邊廂房，與主司藝文工作者運途的文昌帝君聊聊，盼打通蹇澀不通的思路，讓靈感騰飛。

踏出廟門，思緒暢通了，胃也挪出足夠的空間，那就來**紲喙尾**（**suà-tshuì-bué**），用甜點延續正餐之美好。

步行到延三夜市，來碗花生湯配份純糖麻糬？太甜太膩了，就單純點麻糬冰吧！老闆會把熱騰騰的麻糬剪得小小粒，沾滿花生粉丟到冰山上滾動。我拿起細柄圓頭的鐵湯匙拌攪，熱燙麻糬因冷凝而彈性充滿。

冰山初融，這是最佳賞味期，也是靈思最為清明時。

# 台灣式日本料理：西門町板前之淚

多樣菜色盡在一盤之內，
在忙碌思量中漸漸飽足。
人生的過水時刻，我被安慰療癒了，
眼角冒出飯粒般的淚來。

千禧年前後我在台北讀研究所，每個禮拜有兩晚，會去台北火車站旁的「忠孝日語」上課，向過目不忘的傳奇人物劉元孝老師學習基礎文法。

我研究所念的是鑽研中國古籍的「國學」，典重沉悶，那時台灣正流行日本文化，上日語課成為我紓解壓力的出口。從中國往日本的途中得要**過水（kuè-tsuí）**，這轉換的中繼站，就在西門町的「美觀園」。

撥開涼滑的珠簾入內，聞到淡淡的魚腥味，鼻音濃厚的演歌入耳，同時傳來響亮的歡迎聲：いらっしゃいませ。

我一個人，被安排在板前，坐在料理師傅面前的長吧台，服務生隨即遞上濕紙巾，斟一杯熱茶。那時我口袋並不寬裕，也不懂得品嚐海鮮，菜單密密麻麻，冰櫃擺滿大塊成條的生魚片，我只點能填飽肚子的便宜快餐。

服務生排好刀叉與湯匙，我讀出筷子紙套上頭的字：

有難う御座いました。

這是日語初學者都知道的話，「有難う」是日音「ありがとう」的擬漢字，猶如研究生論文寫不出來之窘困；「御座い」平假名為「ござい」，感謝這世界留個座位給我，讓我得以暫時從浩繁的古籍研究中抽離，透過料理轉換心情，邊學日語邊追逐東瀛時尚。

快餐上桌，執起刀叉切一小塊炸豬排，沾番茄醬讓滋味沾點西洋感。高麗菜絲與番茄片乃爽口用，拌特製的美乃滋更爽。火腿圓圓的一片，我先把四周圓弧切來吃，轉眼間變正方形，真可愛。鹹味醬瓜有脆度，牛蒡天婦羅帶嚼勁，紡錘形的飯乃不鏽鋼罩塑形的。

吃這快餐可忙得很，相當費心思，此邊切炸物，那邊沾醬，以蔬菜中繼，再挖一口飯補充澱粉。順序千變萬化，多樣菜色盡在一盤之內，在忙碌思量中漸漸飽足。

人生的過水時刻，我被這盤快餐安慰療癒了，眼角冒出飯粒般的淚來。

西門町有兩家美觀園，都在峨眉街上，一家位於「大車輪火車壽司」旁，坐北朝南，裝潢復古饒富氛圍，特色是垂直九十度的仿火車高背椅，我私自稱為「火車椅店」。

斜對面那家美觀園較為高敞明亮，第一次光顧時，第三代老闆剛接手，人長得高帥白，說話斯文，有副「カメラの顔」（camera face），我就把這家稱作「卡脈拉店」。

坐在板前的吧台，就有機會跟卡脈拉三代目聊天，欣賞他工作時專注的神情，執起魚刀俐落片肉，搓手去揉壽司，俯下身將眼睛與食材拉近，精準帥氣。

隔壁的師傅快餐擺盤到最後，用勺子自美乃滋桶中挖出濃稠一丸，對準後甩進高麗菜絲中，那樣的勁道，真如日本時代劇之武士劍鬥。

在美觀園，我多獨自一人，觀察廚房的煮食動態，醉了數十年的食客，以及老闆面對醉客之淡定從容。

三代目製作手卷時，會自器台架取下四方白鐵盒，掀開蓋子，將海苔**拈出來（ni--tshut-lâi，用手指輕輕夾出）**，鐵盒裡安裝燈泡，藉由熱度讓海苔不致受潮，還帶微微的溫度。

手卷裡有美乃滋，高麗菜絲含水氣，海苔受潮會變軟，能在越短時間內吃下越好。若有幸被安排在板前靠牆處，三代目伸出手就遞到你面前，毫無耽擱，在手卷最新鮮時一咬，無與倫比啊！

我是之後才去「火車椅店」的，空間與口味稍有不同，重食材與味道之厚實，菜色花樣多，整體氛圍較為老派。

西門町本是台北城西門外的荒地，日治時期始開發，自此繁盛。我到台北讀研究所時，一九九九年新的行人徒步區硬體剛完工，人潮更為洶湧。我這孤僻研究生在那時光臨，竟有板前可坐，驚喜異常，服務生沒預告就端上「蜜汁蝦頭」，說老闆招待。

奇怪了，我點的餐不多又不貴，竟招待這項奇物！受寵若驚的我將思索與感覺放慢……蝦頭？不是摘掉就丟了？還用蜜汁封起來！這是什麼味道？

乾爽的碟子托著蝦頭，黏稠的蜜汁凝固，將蝦頭的外殼、額角、眼睛蜜封，蜜中夾纏白芝麻。蝦殼及頭尖的硬刺軟化，蜜甜蓋過腦與臟器的腥味，一咬即破，隨即生發一連串的極甜細碎。

彼時菜單沒列出這品項，只送不賣，吃不吃得到全憑老闆主意，我卻為此頻頻光顧。

就這樣遊走在兩家之間，看心情不看天氣，隨性不刻意安排。美觀園不是那種頂級料亭或無菜單料理，無論到哪家點哪樣菜，分量皆足皆夠味，不會有貴死人卻餓肚子而歸的茫然。

不求浮面的形式與細節，更重視庶民的實際需要，加添東瀛的享樂氛圍，這是台灣式日本料理的暢快。

一九四六年開業，美觀園的生意一直很好，曾是生啤酒全台年度銷售冠軍。雖說店址遷移多次，總不離西門町繁盛中心，歷經兄弟分家，橫遭祝融，隨著西門町商圈浮沉頓挫，穩健前行，其與時俱進的銳意和長久累積的口碑，可說是「台式日料」的代表之一。

研究生身分終究是要卸下的，當完兵進社會工作，口袋漸深，舌頭越來越挑剔，我依舊回到美觀園，將菜單抖開，筆之勾選脫離了快餐，往陌生的空格而去。

醋飯類似握壽司，美觀園師傅切生魚片，手勢沉甸甸的，乃因用料大方，厚實魚肉滿覆了飯，抹上醬油，是種盡情的淹沒。

魚卵飽圓不零散，一整條切段成塊與高麗菜絲同盤，沾美乃滋濃密入口，這是招牌魚卵沙拉——就像牛雜湯，嚐過料足味美的嘉義東市場「王記」，對其他家就興趣缺缺囉。

特製滷排骨超濕潤，用筷子將肉同滷汁共拌入飯，適合需大量澱粉與蛋白質來轉大人的孩子。我這大叔愛點和風照燒雞腿，為熱油炸酥後那近乎焦而起伏如峽谷的雞皮，接著奮起牙齒的咬嚙力，吃肉啃骨，摧枯拉朽。

菜單上的「珍味一品」，就是比較珍稀的小樣菜，鱈魚肝是我的心頭好，讓洋蔥、小黃瓜片、薑絲托起，撒點蔥花，味似海底雞，入口即化，軟、嫩、鮮。

冰櫃內的食材與牆上的彩圖都好誘人，滿室客人滿桌豐盛，可以干貝、明蝦、黑鮪魚般奢豪，或簡單來碗冷豆腐。雪白豆腐小巧可愛，浸於酸甜湯汁，以柴魚絲點綴，用小湯匙來切，伴湯汁舀入口；豆腐軟滑，柴魚片糾結著海之味，散發淡淡的杏仁味，這是台式日料之簡單美好。

西門町的美味超多，到「黔園」圍桌吃川菜，「老山東牛肉麵」隱身於萬年商業大樓的地下一樓，上「金滿園排骨」二樓邊吃邊看窗外的俗豔招牌。主餐結束，買杯「成都楊桃冰」清涼清涼，或坐在騎樓長板凳吃三球「永富冰淇淋」。咖啡館無論「蜂大」或「南美」香氣都很醇厚，最後到「老天祿」挑幾款滷味外帶回家。

去這些店得鑽來繞去，在招牌與人群的縫隙間尋找，西門町的喧囂繁雜反讓我得以在台北隱身，於食肆的角落找到一個人的清靜，在反差中享受難得的自在。

最常去的還是美觀園，裡頭熟客眾多，板前的我資歷淺，不敢跟隔壁的歐吉桑比較，歐吉桑卻主動跟我聊天。回憶起小時候媽媽帶他坐公車上**草山**（**tsháu-suann**，**陽明山**），受過日本時代教育的媽媽穿著洋裝，牽起孩子稚嫩的小手到公園野餐，解開布包拿出白晃晃的飯糰，內餡包的是紅豆。

半世紀前的往事了，歐吉桑說要得知食客的美觀園梯次，問快餐盤子的材質即可。我說我初來時是白色美耐皿，最新款的為黑色盤。歐吉桑的梯次是：

**較早是金盤仔，stainless，白鐵仔啦！**（以前是光亮的盤子，不鏽鋼啦！）

十一歲就被帶來美觀園，一吃就是五十年，早上十一點就開喝的歐吉桑，先點金雞紅露酒，喝著喝著啤酒開了第二瓶，講著講著突然停頓，摸了摸手腕秀名錶報時：

**現此時，西門町時間，下晡兩點。**（現在是，西門町時間，下午兩點。）

我稱讚他真會喝，老當益壯，歐吉桑雲淡風輕地說，得過兩次癌症，肚子內的器官割掉一堆，風中「蟾蜍」啦！最後，滿臉通紅的他拿起酒杯，跟美目顧盼的卡脈拉三代目敬酒，我也跟著舉杯向歐吉桑致敬：

**你是正港的台北人，天公伯看顧的好命囝。**（你是真正的台北人，老天爺眷顧的幸福孩子。）

# 讓舌頭爽快起飛：往南機場而去吧

餃皮接合處的餃裙，像魚兒擺尾，帶嚼勁，一口一粒，一粒接著一粒，大盤裡很快就一粒水餃也沒有了。

去南機場找吃的，時間的range要放開一點，別像都市生活那麼緊張，學學「山內雞肉」的告示牌，表定上午十一點開賣，留下伸縮的餘裕：

**睏袂去10點**（睡不著十點營業）

**睏過頭12點**（睡過頭十二點營業）

在緊密中勻出隨性，這是南機場的萬有引力。

雖說台北市的夜市不少，士林、師大、饒河街與臨江街等等，南機場位於新店溪河畔的邊陲地帶，物價較低廉，穿著也可隨意些，是那種錢包一拎、拖鞋一趿就走出去的無負擔感，很像回到了中南部，讓我這下港男孩一想到就去。

曾為日治時期的軍用飛行場地，又位處台北市南邊，是以稱「南機場」。一九六〇年代興建十一棟五層樓公寓，採用西式建築工法，還設計飛天迴旋樓梯，為當時最新潮的模範社區，於今看來，相當大膽奇幻。時移事往，都市的代謝飛快，南機場公寓多有累積少有更新，像鳥兒築巢不斷銜來小草與樹枝，越來越黯淡。

我常去南機場，約略知道其位置，但每次去就是會小小迷路。或從青翠蓊鬱的台北植物園前往，沿著南海路來到和平東路口，林業試驗所轉角處的樟樹、麵包樹、火焰木掩映清幽。穿越拓寬過的三元街後，迎來低矮舊屋與光豔招牌，很台式的市井庶民味。

從這方向到南機場夜市，不是走到南海路盡頭接中華路二段直角勾回再橫穿，就是在蚯蚓穴般的彎巷鑽啊鑽。遠遠望見攢動的人群與小碎亮點，別懷疑，朝那方向前進就是，南機場夜市就在那裡。

盤纏電線的細鐵柱頂起之鐵皮屋頂斷續相連，底下的攤車臨巷隔出約百家攤位：從西北側的牌樓開始，第一間就是「山內雞肉」，對面是筒仔米糕與「八棟圓仔湯」，繼續走會看到關東煮與豬血糕，「好佳蚵嗲」，甜品和豆花，「好吃炸雞」，蒸餃，炭烤玉米以及推車燒餅，直至國盛社區門口為止。

人到南機場夜市，吃這件事就變得**聳勢（sáng-sè，神氣）**。還相當直爽，中心徒步區只賣吃的，沒有服飾店雜貨店遊戲店，品項的差異大，分界清楚，直來直往，像飛機跑道，加速滑行讓舌頭爽快起飛。

最初是高中同學帶我來的，他說這兒的價格便宜，口味跟嘉義類似，夜市相當有底氣。

我一九九八年才來台北讀研究所，高中同學上大學時就來了，癡心南機場的他，吃得特別透徹，常外帶「好吃炸雞」回我們永和的賃居處。撕開紙袋，起鍋已久的雞排美味依舊，皮脆汁溢。後來我自己去買，跟老闆點餐哈拉哈拉真有趣，炸物已先炸好準備，裝袋出餐超快。

某日，同學興高采烈地跑來分享，說南機場有家意麵口味很不錯，中午才吃得到，傍晚就不見蹤影，這是他的獨門發現。

那時南機場中午沒有車輛管制，我騎著摩托車直闖進去，在巷內來回尋找，於國盛社區那頭發現汕頭意麵，一對矮壯的兄弟開的，是那種做事勤快的好店家。

我照同學的建議，點了碗乾意麵，麵條粗灰粗灰的，鬆鬆的像鳥巢，其滋味，是在口舌的咬磨間轉出醬汁的**鹹芳**（**kiâm-phang**，**鹹香**）。乾麵的味道與分量恰恰好，搭配各式福州丸湯。簡單搭設的攤位，是我台北匆忙日子的中繼站，讓我在午間享受了中南部那般的悠悠緩緩。

擦了擦嘴，整理整理心情，發動摩托車，往下一站奔波去。

許多中南部的小吃，在台北並不普遍，去南機場不僅找得到，還更為豐富，就像「好佳蚵嗲」，炸物多達二十種以上。其**蚵炱**（**ô-te**，**蚵嗲**）是將細切出汁液的蔥花等鋪在鮮蠔上，敷漿下鍋油炸，聽到那滋滋聲，食慾就被小捏了一下。起鍋瀝油後在砧板上對切，兩刀成四塊，想著，若「酥」這字有聲音，就是落刀的一霎那。菜卷有韭菜、芹菜、香菜等，成條拗折綁成束，敷漿入鍋炸，裡頭就只有菜沒有其他。店名「好佳」諧音台語的好吃，若你對香菜沒有畏懼，就來嘗試香菜卷，懂的人就會說：**好食（hó-tsiáh）**。

吃炸物易膩易口渴，南機場有最便捷的服務：冰品店多家可選，是清涼消暑的最佳所在。在台北吃**礤冰（tshuah-ping，剉冰）**越來越難，恐怕是店租與濕冷氣候加上養生觀影響。來到南機場就不必顧慮這些五四三，餡料超多款陷入選擇困難症。克服之後，拿起湯匙，往眼前的冰山殺下去，殺殺殺到冰融餡料現，甜感大爆發，清清涼涼真沁心。

在「八棟圓仔湯」品嚐酒釀湯圓後，我會順道外帶紅茶，是水、伯爵茶和台糖特砂沖泡而成的，沒有化學添加的淡悠之香。一杯不夠我都點兩杯，老闆在封蓋前會放入一小片檸檬，且在相疊的杯子間墊入紙板小片，以防壓歪破溢。

老闆的細心，是人情的體貼用心。[1]

南機場的攤位排列緊密，價格平實，應有盡有，樂趣無窮，可說是**俗閣有局（siȯk koh ū kiȯk，廉宜實惠）**。

山內雞肉還不太需要排隊時，坐在店內，光聽剁雞肉聲心頭就紮實，淋浸醬油的放山雞肉更是紮實，配豬油拌飯很是古早台灣味，我更愛其高麗菜，脆口帶油，真香腴。

我也是後來才從網路得知，南機場名店甚多。牌樓外的「岡山肉燥飯」有北部罕見的郭魚湯；手工限量只賣兩個小時的「彰化肉圓」；「來來水餃店」位居公寓一樓，是被等候的顧客包圍的熱門店家。在等待的過程中，看到廚師手拿擀棍前後施力，像坐搖搖馬，一片片水餃皮就扔了出來，隨之包餡成形丟上水餃山，撒上麵粉排列成陣，再入大鍋大火煮，流程緊密如工廠作業，滿是勁道與汗。

水餃皮煮得白白膨膨，形狀讓我聯想起扇貝，沾香氣十足的生辣椒醬油，豬肉大白菜內餡更能顯味。餃皮接合處的餃裙，像魚兒擺尾，帶嚼勁，一口一粒，一粒接著一粒，大盤裡很快就一粒水餃也沒有了。

這是謹小慎微的都市生活沒有的豪爽，吃水餃就該展現這樣的力量與揮灑。

某日午後我騎著腳踏車，從台大附近的水源地出發，經過寶藏巖與客家文化公園。寬闊河岸隔絕塵囂，清新舒爽，水邊雜樹林特別茂盛，對岸的高樓清楚在望。

騎到馬場町紀念公園，黑色紀念碑讓我心頭一沉，想起歷史的嗚咽與不公不義，就在廣場暫歇吧。喝口水，看看手機地圖，先找到堤防外我的位置，堤防內是青年公園，再往北，赫然出現南機場。我心頭一驚，怎麼會離這麼近？

被街道與公寓國宅環繞，宛如鳥巢的細枝碎葉，模糊了我對南機場的定位。

這是路徑的再發現，我臨時改變目標，就不繞過萬華區河岸穿越忠孝橋去大稻埕了。馬場町有道水門可往堤防內。我繼續騎腳踏車，朝心中約略的位置、舌頭之所向，行經青年公園的滑輪場、籃球場、潛水訓練中心，以及歷史記載台灣最早揮桿打高爾夫球的練習場，繞過國興國宅，來到南海路和中華路二段交叉口，朝那方向去就是，望見騷動人群間浮現閃爍燈火，我知道，南機場就要到了。

1 關於八棟圓仔湯我讀過最精彩的文章，是包子逸的〈榕樹下的甜蜜生活〉，收錄於其著作《小吃碗上外太空》，有鹿文化出版。

# 老時光中的綠意：金華街與潮州街

豆乾擔任主角，分量剛剛好，
適足以留下念想，
為了再回來，鑽進豆乾的孔隙，
讓鹹香充盈填滿。

在國家戲劇院欣賞完台語時代劇《阮是廖添丁》，跟著散場人潮走在愛國東路上，側耳聽聽觀眾們的觀劇心得，越走越聽越安靜，來到中正紀念堂的背面，就只剩下我一人了。

杭州南路這段以小籠湯包聞名，改建時的南門市場曾在此設置中繼市場，我會到二樓吃番茄刀削麵或排骨菜飯。夜已深，鼎沸的人聲已歇息，更為死寂的是華光社區舊址，被夷平後空蕩蕩只剩草皮，猶如四塊發霉的豆腐。我沿著路邊停車格走了進去，來到十字路口，幽暗處有情侶正纏綿，我不好意思地轉身閃避。

就和老梅樹重逢了。

相當驚訝更是高興，在社區未拆除前，我常騎摩托車專程而來，南側的金華街上，巨榕的枝幹恣肆伸展，不太搭理城市規範似的，一整排茂密綠意龐大驚人，掩映著紅磚牆和補綴鐵皮的黑屋瓦。

我騎著摩托車來來回回，感受片時的眷村生活味，思考著等會要吃哪家？「金華麵店」我偏愛豬油乾麵，大鍋熬煮的「老張牛肉麵店」豪爽辣氣，加上「廖家牛肉麵」，三選一，皆為台北陰鬱天氣下的撫慰。

全台灣小吃，台北能遙遙領先其他縣市的，就是牛肉麵，遍布全市各區，各擅勝場。這台北的市麵水準齊整、強味紛呈，但我就愛金華街的，愛那老時光的氛圍，就像計程車運將吃碗麵後，索性在車內睡個午覺，樹蔭涼快，鳥聲啁啾，真香甜。

我這從嘉義北上的**下港囡仔**（**ē-káng-gín-á**，**中南部孩子**），對眷村味本來頗陌生，因一來再來金華街，口舌逐漸熟悉，最終也愛上了。

某個寒凍的冬日午間，吃完牛肉麵想說晃遊一下，鑽進華光社區，在擁擠凌亂的低矮房舍間繞行，見某戶門口有位老先生坐著，其旁排滿了陶甕與雜物，十字路口的那株老梅樹，越冷越開花，帶一絲北國雪地之蒼茫，很有老北京的衚衕感。

我拿出隨身攜帶的單眼小相機，電源打開鏡頭蠕動而出，將開滿樹的梅花攝入，顯像為我對華光社區的鮮明記憶。

那時，「廖家牛肉麵」還在低矮的簡陋平房中，雖侷促逼仄，滋味就是比較道地。

小老闆長得白白高高的，語調平淡好似別有聲調系統，招呼我坐這個那個位子……在細木樑下的小圓桌，邊剝蒜頭邊等待。店員忙著端麵端菜，客人來來去去，在混雜的氣味中交會閃身。

廖家的牛肉塊軟嫩，牛骨熬製的湯頭甘醇，帶淡淡的蒜味。和延三夜市的「汕頭牛肉麵」一樣，都配空心菜。兩家手法與路數雖不同，在我吃來，皆為牛肉麵之頂尖。

廖家的麵條不算出色，要將牛骨湯與牛肉塊拌合，從中將麵條汲出，款款品嚐，配個蒜頭，口感就強烈了，滋味就出來了，這是和中求勝。吃完後唇齒與鼻腔皆留香，真舒服。

小菜有現切豆乾海帶，花生泡菜，小魚乾，豬頭皮豬耳朵，牛肚牛筋等……我沒讀過美食報導，也沒去探聽消息，獨鍾的始終是豆乾。

店家將整批豆乾置於鍋內，浸在滷水中微胖著。店員一次拾起兩塊，一手疊起夾好，另一手的菜刀便俐落而下，聲音扣扣扣不斷，豆乾片片傾倒，堆成了小丘。將黏附在菜刀上的餘塊撥落，再一齊用掌側撥入盤中，撒上蔥花，這肥嫩滷豆乾便微顫顫上桌了。

我先夾幾片入口，透過品嚼擠壓出孔隙中的香氣，更有滷水滋潤的好滋味，此乃軟嫩豆乾與鹹香滷水造就的一絕。接下來分配蔥花，夾些許均勻撒於豆乾片上，讓清脆與軟嫩盈口共好。最後舀上一小匙辣油使其緩緩滲入豆乾，辣味會帶著它騰飛成香氣，在唇齒鼻腔與木造房舍之間縈繞。

此步驟是我累積數十次吃食經驗形成的，後來讀美食報導與網路文章，和我的順序類似，可見飲食是有共通性的。

有一陣子到廖家，牛肉麵是副，豆乾擔任主角，我一個人頂多點三塊，分量剛剛好，適足以留下念想，為了再回來，鑽進豆乾的孔隙，讓鹹香充盈填滿。

華光社區拆除前，我翻閱舒國治的《台北小吃札記》（皇冠出版），讀到「金華街燒餅油條」，心中起疑，想說這一帶我來過那麼多次，知道有很多燒餅油條店，例如「青島豆漿店」、「新鮮豆漿店」、「鼎元豆漿」、「張吳記麵餅舖」等等。

這家有那麼特別嗎？

文章寫道：「這家的燒餅是菱形的那種。」這我聞所未聞。又說：「燒餅油條一項，全台北這店稱第一。」我狐疑更深。最後結論說：「他開的時段很短，一早六點至八點半；有時九點來買，餅已經賣完了。」原來如此，我多中午過後來金華街，在廖家排隊時，隔壁就是其店鋪，早售罄休息了。

老味道要在原現場吃，才得真滋味，我專程起了個大早，撥開晨間的霧氣，來到金華街那一排低矮房舍前。

清早廖家還沒開，老麵炭烤燒餅的老闆可忙碌著。簡樸的白牆壁小店，老闆專注地使勁擀揉麵糰，將烤好的燒餅從高溫爐火中夾出，尖角菱形插放爐口側，環繞圓形白鐵平台，具造型美感。和老闆閒聊，對於美食推介與新聞報導，謙淡以對，說將東西做好，能夠賣完就很滿意了。

雙手揣著燒餅，我咬了一口，膨軟微濕，非硬脆型的，餅皮紮實，內層加了蔥花，真如舒國治所說「鹹中帶甜」。這菱形燒餅猶如日本忍者的暗器，飛出我味覺的版圖，說不上喜歡，也非名不符實的失望。低調的店家有其堅持，我這舌頭駑鈍的顧客，得多來幾次，多花一點時間品味。

沒多久，華光社區就被拆除了。

其後，金華、老張、廖家搬遷到不遠處，炭烤燒餅移到南門市場大樓後頭的巷弄內。離開了原初的地方，雖食材與手法不變，少了那股氛圍與舊時光氣息，味道會變得不一樣。

現在，我都騎腳踏車來，改換到隔壁潮州街，介於金山南路與杭州南路這段，悠悠閒閒來品嚐台北的麵食。過去金華街是三選一，潮州街我四選一：「金華麵店」，「老王紅燒牛肉麵」，「新屋客家麵」，「林記牛肉麵」。

不是很餓想清淡些，就去金華麵店，現在的店面是方正的水泥公寓，過去可是在金華街的日式房舍內，店門口是開敞的，客人在棚架下的長板桌自在吃麵、自在來去。

就來碗豬油拌麵，白麵條拌豬油，底下一抹沙茶。配碗蛋包湯，蛋包和蔥花齊在清湯中迴旋，戳破蛋白讓蛋黃融入湯中慢慢凝結，這是簡樸中的小變化。這家店是福州人開的，店員私下聊天說福州話，鯊魚漿內包肉燥的道地福州丸，也是用清湯襯托，素素的更能咀嚼出魚漿清甜。

麻醬麵與炸醬麵味道足，餛飩麵相當不錯。滷鍋中有大方油豆腐，櫥櫃擺列豬頭皮與泡菜等，有時還有脆口的芹菜。

天氣冷想口味重一點，我就去老王紅燒牛肉麵。特色為牛肉湯中加蛋，是這一帶牛肉麵館的流行，蛋汁在豆瓣湯中凝固，也凝出獨特滋味。推薦半筋半肉麵，湯的辣度可挑戰。大腸頭超肥美，小黃瓜是我的心頭好，爽脆厚實，我在台北吃過最優的。

還有新屋客家麵，是幢一又三分之一小屋，就是頂加閣樓的日式木造小屋，一樓客滿就要上閣樓，空間雖侷促，歲月真古老。客家人的油蔥真是拿手，添入粄條或米粉湯中，濃厚噴香。

和平東路一段的台電核能火力發電工程處，是座內藏庭院迴廊的黑屋瓦日式建築，循其旁的小路繞到後巷，遇到小廟金爐上有枚葫蘆，走進去就是潮州街六十巷，斜切的五弄僅容錯身而過，有一排緊貼住宅大樓的磚造矮屋，當巷的那爿店就是林記牛肉麵。

這家隱藏版的巷弄牛肉麵，只開週一到週五，那時晚上七點半就休息，在東區工作的我晚下班，趕不及去吃，得週五特地請假才有緣嚐個一碗。

大隱隱於世的林記牛肉麵，本在巷口小廟對面的圍牆邊擺攤，一九七九年移到現址，第一代老闆退休後，四個兒子各接手經營過一段時間。以往屋簷低矮，我低下頭走進去，見老闆拿長筷執勺，跟他點半筋半肉加蛋包與餛飩，四樣都要，軟硬度剛好的白寬麵條喚起麵體深處的滋味，湯熬得淡遠，淡遠中好似要告訴你處世的真義，不要太張揚，認真做好自己的本分就好，客人啊你若覺得還可以，在我可以為你服務的時日，請你在位置上稍等，時光之味會淡淡的來，再請你悠悠地嚐。

# 熬到入骨的等待：基隆人生甘露煮

等待如此漫長，
長得連時間的骨頭都軟了、都化開了。
何時才能再見香魚在溪流中
那銀亮亮的俐落身影呢？

因疫情關在家裡的我，已經七十二小時足不出戶了，吃太太煮的低熱量餐，該睡就睡到飽睡到醒，無工作與赴約的時間壓力，時不時舉幾下啞鈴，做做棒式支撐、伏地挺身與瑜伽拉筋，和孩子玩丟娃娃的低能遊戲。

這一切，無不是想讓生活變得歡鬧、健康、樂觀。

整天盯手機盯得極膩極煩極厭世，斷開網路，趺坐客廳中央，進入「僧侶模式」，想像自己入深山修行，革除穢念，出塵絕世，要將山下諸攤與眾餐廳那數不盡的珍饈祕味掃開，在心中清出一方無油無煙無慾之素淨。

就在此時，如手機自動開啟回憶功能，腦中浮出一幀圖片：香魚甘露煮。

時間倒帶回到二〇一九年的七月六日，那時天寬地闊、自由自在，想要去哪裡就去哪裡。是日，我專程搭車到基隆，參加公視台語台的開台典禮。舞台直接以基隆港為背景，點綴商船軍艦貨櫃輪，以及潔白如雲的巨艘郵輪，黑鳶如常在空中盤旋。望到盡頭就是出海口，台語與台灣文化正要偕同電視台壯闊啟航。

那時，沒有人知道，真的沒有人料到，半年後，Covid-19將奪去航向世界的一切想望。

早早計畫好，中晝先食一頓**好料的**（**hó-liāu-ê**，**大餐美食**），滑臉書恰巧得知某位朋友也要去，是位熱愛基隆文史的年輕人，我都叫他「基文青」，我們相約仁愛市場。

仁愛市場，是基隆港歷史最悠久、至今仍熱鬧繁盛的菜市場。位於雙子星大樓中，地下室備停車場，三樓以上為住宅，一樓賣生鮮肉品海鮮蔬菜，二樓得搭電扶梯或爬樓梯才得至，對內行吃貨來說，是浮在半空中的美食祕境。

我踏查過仁愛市場數十次，文章寫了十多篇，甚至帶過導覽，早將二樓小吃嚐過一回又一回：晨起清粥可搭配各式海鮮炸物，早午餐享受握壽司配味噌湯，宜蘭風的麻醬麵搭配基隆款小菜，以及水餃、甜湯、沙茶羹麵，先炒再燴的濕炒飯……仁愛市場是正港的菜市場，新鮮與奇特不斷冒出，讓味覺滿載。

「加園壽司」位於電扶梯旁的轉角，L型吧台，展示櫃那排闔而去的海鮮活跳跳極誘人，一個人來就做孤獨的美食家，找朋友邊熱議邊啖食也不錯，若為了相當值得歡慶的理由，就在這空中食肆讓味覺升天。

基文青得從基隆港西岸那頭騎摩托車前來，請我稍等。反正要請客，我就**冇手（phànn-tshiú，大手筆）**點了下去：蝦卵手卷、五味醬透抽、明蝦沙拉、綜合握壽司、無骨牛小排鹽燒，菜單上沒列的大干貝，以及抱卵的香魚甘露煮。

菜還沒上齊，先開了瓶台啤；基文青還沒到，我已醉醺醺。

終於趕到了，先和基文青互敬，恭賀台語台開台，這是台文界長久的呼籲，夢想成真。年輕朋友的台語不太流暢，可相當認真地要拾回遺失的母語，問他最近在忙什麼？

等兵單。

基文青大學畢業實習完，在社區服務過一陣子，也協助理念相同的朋友選議員，正面臨男子漢的漫長等待。

當兵很辛苦，虛擲在無意義的反覆動作中，數饅頭等退伍，相當煎熬。更煎熬的是，已確定要去當兵了，卻不知何時可入伍？等待的役男甚多，兵單排得長長的，打電話去兵役課一問再問，敷衍說大約在年底，無法回覆確切時間。

基文青已將頭髮剃短，這是事先的心裡預備，是一股想早日入伍的氣，也是種忐忑不安，更何況，他抽到的軍種是：海軍陸戰隊。

入伍服役猶如被關禁在監獄裡，在身體被關禁之前，看似行動自由，能做的事卻很少，隨時會被徵調，內心被可預知的操練與茫然的未知所束縛，可說是雙重監禁。

別管那麼多，就先乾一杯。我的心情很好，胃口也大開；基文青的心情卻很糟，有點食不知味。好吧，我就以台語來解說菜餚，讓基文青開朗些。

說說香魚：台語發音是**kiàt-hî/hû**，有人取其偏旁寫做「鰈魚」，或考究音義因其聰慧賦形，認為漢字是「鮎魚」。繁衍香魚的溪流得清澈乾淨，許多人以為只有日本有，殊不知，以往基隆河流域與宜蘭等地區都有香魚，在台灣的溪流中不算罕見，銀亮亮悠游著，是後來被污染才絕跡的。

這道「香魚甘露煮」，是將香魚洗淨後，先烤再滷八個小時，滷得極透極透，連骨頭都軟化了，魚皮、魚刺、魚鰭、魚頭都可吃下肚，肉質散發淡淡的清香甘甜，符合其甘露（かんろ）的日語原意，就是「美味」。

基文青拿起筷子，夾一小塊帶卵的魚肉入口，品嚼了許久，想用台語形容卻不知如何開口；就算知道，內心百般滋味，也不知從何說起。

歡欣熱鬧的台語台開台典禮就要起鼓，海港的爽快正等待著我們，傾盡冰涼的啤酒液，掃光吧台**腥臊**（**tshenn-tshau**，**豐盛**）的料理。

就要啟航了，滿腹期待，就要往遙遠的彼方而去。

基文青在等待，等待如此漫長，長得連時間的骨頭都軟了、都化開了。

何時才能再見香魚在溪流中那銀亮亮的俐落身影呢？

# 最徹底的基本功：做鼎泰豐的漚客

全部十八拗，每一顆都一樣，不多也不少。她夾起一顆，看了看：這十八摺喔！拗幅度比較大，摺更往指尖之精細而去。一個摺字，便為其無與倫比點睛。

排隊等候是不必要的，得要到發跡的本店嚐嚐，才是必要的。即使分店遍及全球，本店的口味與品質，就是比分店優，這差別極為細微，就像小籠包差一摺。

原是台北市信義路上的一間小油行，聽附近的老居民說，小時候常去鼎泰豐**搭油**（**tah-iû，拿瓶罐去裝油**），之後賣起小籠包，生意頗佳，才將油行事業收掉。最早是某飲食作家帶我去見識此名店的，推薦的是不加牛肉的牛肉湯麵，手長腳長的他坐得挺直，用筷子夾起滑順麵條細細咀嚼，像斟酌文句，再俯身喝口湯，悠遠的清香，便這麼隨著文人的身段而吟詠起長句子。

鍾情於市井風情與個人體驗的我，認為台味飲食必定要在市井隱密處，在時間累積的幽微中才更顯得意境不凡。像鼎泰豐這樣，光蠟蠟照亮每處角落，纖塵不染，比客人還挑剔的連鎖店，我這孤僻反社會的**漚客（àu-kheh，難纏的客人）**，有點不以為然。

直到我當了父親，揹起嬰兒背巾再訪時，才知道鼎泰豐之可貴，漚客心態逐漸被化解。沒有小館子熱情老闆的殷勤招呼與育兒心法，見有稚齡孩子，店員便主動安排了個角落供親子入座，以防他人側身磕碰甚或湯水燙傷，嬰兒椅與兒童餐具早已備好，擦拭得極為乾淨，並貼心詢問孩子的需求後，才開始點菜。

此時，我家孩子做出了「違法」動作，抓起筷子，一鬆手，掉落地面發出響亮聲。我還來不及反應，店員已站在桌前，雙手遞出簇新的一雙，收走落地的那雙。太太頻頻抱歉，店員微笑回應，回頭便上菜擺桌，逐一確認且提醒各項品嚐要點。只是沒想到話才說完，孩子的筷子竟又落地，店員動作再重複一次，乾淨俐落間仍維持著笑容如常。服務顧客如照料孩子般細心體貼，讓我對鼎泰豐有了態度上的大轉變。此後，我這漚客將抵制的味蕾活化，正眼來看鼎泰豐的好。

首先，是女店員的身高相當平均，頭髮都綁髻，臉面清秀圓潤，笑容怡人，男服務生則紳士有朝氣。他們的動作都收束在一定的範圍之內，在這範圍內展現利索與勤快。服務時，應對進退熟練且優雅，對菜餚的熟悉更不必說，都是層層挑選出來的精英。

某次，我正點菜，側耳傾聽的店員筆寫著寫著沒水了，她立刻收起舊的、抽出新筆速寫，毫無耽擱，我這才發現其胸口插著一整排的預備筆，整整齊齊。

鼎泰豐令人讚嘆的細節難以盡數，精湛的服務是全台飲食業爭相取經的標竿。

二〇二〇疫情發生前，曾和嘉義某在地名店的第三代老闆聊天，我隨意發想，頻頻建議，說鼎泰豐服務真的很棒，何不仿效其經營模式？

已接手店務的第三代個性務實，早已做足了功課，她說鼎泰豐是五星級飯店管理，她們店則比較像頂級民宿，經營模式與路線不同。但也曾聘請鼎泰豐的經營顧問來上課，排了一年多才輪到。其中令第三代最佩服的，是鼎泰豐在台灣雖然開設多家分店，總部的客服中心竟只有幾位而已，因為當第一線的服務人員已在前端將trouble處理好，讓客人的不滿降到最低，就不會再打電話到總部反應。

這樣的效率與徹底，讓我這漚客難以想像。

做鼎泰豐的漚客，像我這樣十多年間光顧不到百次算資淺的，卻也發展出屬於自己的吃法：小菜必點寧式黃芽菜，淡淡的醬鹹，豆頭飽滿，芽身相當有脆度，拌入軟豆皮與薄蔥增益口感。烤麩連孔隙都講究，從中擠出的空氣醬香均勻，咬下的蓬鬆就像給牙齒靠枕。

蝦仁抄手的醬汁微酸微甜微辣，皮和蝦仁饒富嚼勁，我總忍不住將盤底的蔥花拌醬汁舀起，當成湯淺淺的來喝。因為食安要求嚴謹，已經不加鴨血，否則其酸辣湯真是全台最美味，我喝過南北各地數十家店，不是太稀就是太濃，常是菜色中的負數，只有鼎泰豐不但為正，更直接就頂天。

那將黑木耳、豆腐、竹筍切成細絲，充分攪拌肉絲與蛋花，且撒上胡椒與蔥花的羹湯，隨意舀個一匙來檢視，食料的比例勻稱，不會勾芡過頭糾結纏粉，也不會這裡少一點、那邊太多些——就像鼎泰豐的炒飯，蛋鮮黃，肉絲軟硬適中，飯粒硬中帶彈性，飯、蛋、肉的比例也是超穩定，更不會有過油使人厭、過鹹令人煩的火候失當。

以往本店較早開門，我會外帶甜食大包當早午餐，若是午、晚餐現場的壓軸，就點芋泥和紅豆口味各一籠與妻女共享。店員總會叮囑先吃味道較淡的芋泥小包，再吃甜滋滋的紅豆小包。蒸籠初上，掀開蓋子，筷子輕夾兩側唯恐其變形，熱燙燙中用齒牙將嬌嫩薄皮咬開的觸感，真享受——芋泥餡固然是包覆舌頭於鼻腔中散發的香，紅豆餡就是全然對舌頭與味覺的甜味包覆。

即使作為漚客一名，我也不免要大大表揚此國際名店最著名的小籠包。大多點基本原味，其他款有試過但不愛。皮的薄度適中，內餡流出肉汁燙口鮮香。我會多要些薑絲，置於碟內，斟入醬油稍稍浸潤，單單吃這碟薑絲就是種清脆爽朗。猶如生魚片的芥末，可除小籠包之膩，無論是小籠包上擱幾絲薑，或是一口小籠包一口薑絲，在環堵秀雅的中國畫與書法字中，鼎泰豐的經典味道就此緩緩抒發。

以小籠包宴請外地朋友真有面子，賓主皆樂陶陶。然而，四方好友都宴請過了，就我爸媽沒吃過，爸爸嫌台北擁擠不肯來，大費周章請母后從嘉義北上，就為了台北鼎泰豐的小籠包。

一行人浩浩蕩蕩來到本店，向服務人員領了菜單及號碼牌，眼巴巴望著號碼跳動，一旁隔著玻璃可看到師傅們正忙著包小籠包，一絲不苟，騎樓柱子旁除了幾張板凳供客人暫歇外，冬日還會放置暖爐，讓漫長的等候溫暖許多。

信義本店的門面窄，裡頭可深長得很，號碼輪到我們了，走進店內爬上樓梯，遇人得側身相讓，一旁公布欄列出員工的表現排行榜。看我們家族人多且帶著幼兒，主動安排我們坐包廂，有獨立空間又不怕孩子吵鬧影響他人，貼心之程度絕無僅有。

重頭戲小籠包上場，蓋子掀開，這是世界聞名的圓白精品。我大發議論解釋其奧妙，全部十八**拗**（**áu**），每一顆都一樣，不多也不少，少了就會砸招牌。當然讓母后先用，她夾起一顆，看了看，順口說出：

**這十八摺（tsih）喔！**

拗與摺的台語意義類似，「拗」幅度比較大，偏向使用手臂的大動作，「摺」動作比較細膩，更往指尖之精細而去。還是母后的母語精確，一個摺字，便為其無與倫比點睛。

母后對吃的興致不高，將家事清潔奉為人生圭臬的她，反倒稱讚起這家店真乾淨。她的雷達眼早掃描過店內各角落，沒有骯髒不整齊處，廁所剛上完隨即有人入內清潔。

要求徹底才是真服務，基本功做足就是好餐廳。因整齊清潔模範讓母后滿意，十八摺小籠包吃得開開心心的，讓我這做兒子的真有面子，內心也像小籠包般膨圓飽滿了起來。

# 來到記憶原爆點：為廣島的沾汁麵

沾汁碗浮滿白芝麻，
我夾起一綹冷麵條，在裡頭充分浸潤拌合，
入口甘腴，散發迷人的酸氣，
是永誌難忘的味覺纏絆。

大女兒升上國中一年級，為聯繫之便得使用手機，太太辦了新門號卻怕孩子沉溺，就往舊物堆去找，在層層疊疊的過時盒裝中，翻出我之前使用的舊手機。交給女兒摸索一番，速度慢，不易操作，結論是非常非常難用。這也是我們父母的居心，要讓手機萎縮到只剩通話的功能。

「**爸爸，內底有相片咧**。」女兒的發現提醒了我，有萬多張相片遺落在過往的記憶體中，遲遲沒拷貝出來儲存整理。

我瀏覽舊照片，家庭照最多，風景相片次之，看著看著，回到了二〇一九年十一月日本旅遊的留影——我一個人從九州的福岡市出發，搭新幹線穿越下關海峽來到中國地方，此為本州島最西部地區之合稱，北半部叫山陰道，南半部就是山陽道。我在山陽道的廣島市過夜，走入莒哈絲《廣島之戀》的小說及電影經典場景內，到和平紀念公園河畔的原爆圓頂館悼念，買票進紀念資料館的密閉空間，被二戰之殘酷捲進歷史的黑暗漩渦中。

邊滑手機邊回憶上次的旅行，出現了那張照片。照片中，尖銳桌角直對著薄木門，玻璃窗外夜景朦朧。

是「廣島つけ麵本舗ばくだん屋」，中文為「廣島沾汁麵本舗爆彈屋」，猶記得我坐在店內靠牆的角落等待，眼光沿著長條吧台而去，直到與另一側的吧台相接，形成尖銳桌角，直抵木片大門的開口處，如劍一般，正對顧客進店的當口。四扇木門框著方形玻璃，窗外街市冷清燈火寥落。

就在旅途的空檔、等待的時刻，我心想，何不拍下眼前畫面，成為回憶的一面鏡？未來的某個時刻的我，再看到這張照片時，會是怎樣的心緒？

來自廣島的爆彈屋，二〇〇八年曾在台灣設立分店，那時我賃居金華街以南的下永康街，分店開設在永康公園旁的上永康街。在台北東區《聯合文學》雜誌工作的我，上班晚、下班也晚，常就近在東區覓食，要不就搭公車回永康街找吃的。

那時台灣人對拉麵的印象，多來自電視美食節目的競技冠軍，對拉麵的味道還很陌生。我愛台灣麵食的千變萬化，對規格化的日本拉麵總覺得單調刻板，更不喜歡譁眾取寵的裝潢，跟我對待台北這城市的態度相同，疏離如村上春樹小說。

永康街餐廳雖多，吃多還是會膩，某日我晚餐拖得太晚，餓極，想說這爆彈屋經過那麼多次，不如進門嚐嚐——沒想到一試成主顧，我成了爆彈屋的常客，猶如讀研究所時期週週光顧的西門町美觀園。

爆彈屋的噱頭是辣度0到20的挑戰，特色是麵條與湯汁分離的沾汁麵。

沾汁碗浮滿白芝麻，我夾起一綹冷麵條，在裡頭充分浸潤拌合，入口甘腴，散發迷人的酸氣，是永誌難忘的味覺纏絆。

以甘酸味為主調，高麗菜、黃瓜絲、叉燒片輪流沾汁來吃，口感一下子脆、一下子軟，有時青菜、有時肉，真有趣。

待吃過一回後，再於沾汁中加入海苔絲增益滋味，中途浸入剖對半的白煮蛋，讓蛋黃的濃稠與清爽沾汁在衝突中融合。

廚房是開放的，顧客可看到製作過程。例如高麗菜煮熟後先浸入冰塊水，瞬間凝縮，再夾進濾網上下使勁甩乾水分。高麗菜清脆的口感，是我愛爆彈屋的第一要義。

沾汁麵的日式滋味，掃除我上班時累積的膩煩，店內的裝潢黑而暴力，播放飆速的日式搖滾，店員的吆喝聲猛然有力。原子彈爆炸般的感官刺激，衝破辦公室的焦躁與憤懣，讓我暫時解除了壓力。

後來我搬離永康街，辭職，加上女兒出生，就慢慢疏遠了。待我再想回味時，永康街的爆彈拉麵已收攤，撤離了台灣市場。[1]

那些年，台灣人還不習慣日本麵食，日系拉麵在台灣還很掙扎。而今轉眼逾十年，日式精緻拉麵連鎖店紛紛來台，引發排隊風潮，在地人自創的拉麵店也一家家開。一般民眾尤其是年輕世代，越來越懂日本拉麵。

也就在這些年，我這本土台味的基本教義派，也漸漸懂得拉麵那規矩中的巧思變化。隨著日幣貶值、航班增加，到日本旅遊變得容易，組拼圖般，我照計畫走踏日本，於二〇一九年踏上山陽道的旅途，查地圖發現爆彈屋本舖在廣島，興奮異常，這趟旅途必得去嚐嚐。

當天上午走覽廣島城，中午吃著名的廣島燒，和平紀念公園的沉思在下午，入夜的我走進崛川町，像晚晚下班的上班族，要去爆彈熱烈一番。

到了廣島本地才知爆彈屋非觀光名店，本店所處的崛川町也有點老舊。它就位於街角，典型的日本拉麵店，掛著超大招牌寫上誇張字體，正門口的木板門像瘦弱的老頭，橫拉時頗為彆扭。踏入店的當口，竟被三角尖銳的桌角針對，真不貼心。

店內傳來招呼聲，客人只有一位，加我多一位。

鼓起長久的想望與期待，想說能點多少就點多少，沾汁麵選最貴最豐盛的那款，多要了份炸雞，且挑好兩大盒泡麵帶回台灣續味。

坐在麵店靠牆的角落，我又回想起當年東區上班族的生活。就在這旅途的空檔，我將眼前所見拍下，做為紀念。

這張照片，是記憶的一面鏡，要讓未來某時某刻的我，鑑照現當下的心緒。我滿腹期望、點好點滿的這盤沾汁麵，跟我記憶中的台灣款比起來，味道顯淡，麵條不夠有嚼勁，高麗菜脆度差，小黃瓜可有可無，蔥絲是多餘的，肉片古板。

幸好，白芝麻浮得滿滿的沾汁仍相當美味。

這樣的落差，我早有心理準備，可能是我舌頭愈益刁鑽，或人初老味覺變淡，從上班族變成自由作家的感知改變。畢竟下班後的疲倦，與旅遊時的放鬆，感受是不一樣的。

我茫然望著木門，想著從永康分店跨海來到廣島本店，這兩碗麵間隔了十年。千里迢迢至此，就為那長久思戀的沾汁麵、美好的甘酸味。

凝視女兒手機裡的照片，我重新確認那次的感覺，彼時旅程的細節，前後發生的事。

照片拍攝的當下，我就在猜想，多年後我再看到這張照片，感覺會如何？因重新打開舊手機，照片再度被看見，我才想起那次的日本行，前往廣島本店的周折，回顧在台灣永康店吃麵的種種。

下次，我若重回廣島，來到爆彈屋，入夜後坐在相同的角落，從同樣的角度拍攝照片，桌三角直對的木門玻璃外，會是什麼景象呢？

這回憶的一面鏡，映照的又是怎樣的心緒呢？

1 爆彈屋台北分店約開設於二〇〇八—二〇一一年間。

輯三。

# 點心精神

# 琴鍵般的豆乾包

將豆乾包送入口，
從魚漿、豆腐皮到內餡，由外而內口感不同；
再從內而外爆出豬肉味、豆腐香與魚鮮，
是台灣小吃的精密層次。

大女兒在客廳練習鋼琴，彈著彈著，反覆停在某個音上。她按壓同一枚琴鍵，轉頭對我說：

**這齒冗去矣，音無準。**（這枚琴鍵鬆了，音不準確。）

家裡的鋼琴本來會定期保養，受疫情影響中斷，這下琴鍵出了問題，趕緊打電話請調音師來校正。

依約而來的調音師年近六十，體型寬厚，垂著白眉毛，越看越像土地公。就像老一輩的基隆人，不會被雨絲封閉，而是胸懷港灣般的開闊，個性平易好相處。之前幾次來，談起音樂與基隆，聊得非常高興，差點忘了工作。

拆解炸彈般，他先蹲在地上打開外殼銀亮的維修箱，再起身掀開鋼琴的幾何內在，木槌與琴弦排列起伏優美如旋律。更換過期的防潮盒，仔細擦拭灰塵後，調音師多指按下琴鍵，俐俐落落來來回回，霍然，停留在某鍵，反覆按壓，即鬆掉的那枚。

我先關上書房門讓調音師忙，邊寫作邊聽到客廳傳來的不協和音。半小時後，回歸寧靜，聽到裝琴板的喀啦聲，趕緊回客廳。

調音師輕按那枚琴鍵，聲音清亮，已校正回歸，竟轉頭問我：

**基隆的豆乾包，佗一間上好食？**

基隆哪一間豆乾包好吃？怎麼不是談音樂或我家女兒，單刀直入就是基隆小吃？

我腦中隨即浮現地圖，說到**豆乾包**，台語 **tāu-kuann-pau**，通行字寫「豆干包」，劉銘傳路靠田寮河那一帶有兩家，基隆媽祖廟前有一間，火車站旁也有，環基隆港的市場多有擺售的攤位，方便外帶回家料理煮湯。

調音師說，他認為最好吃的是愛二路上、「連珍糕餅店」左近的「魚丸伯仔」，這家豆乾包符合他基隆人的喜好：便宜，分量足，滋味道地。話到此，土地公的白眉毛抖動了一下。

閒聊漫談，有時會從雜蕪中拉出脈絡，就像豆乾包還沒講完，調音師就岔開話題說魚丸伯仔的魚丸有時腥味很重，推測是鯊魚漿用料新鮮實在；再談起宜蘭的鬼頭刀魚丸，南方澳漁港上岸的，帶一點酸氣……我舉一反三，說府城的魚丸大多是虱目魚丸，澎湖人會用狗母梭。普遍而言，台灣的魚丸多用旗魚或鯊魚打成漿捏製，由於魚漿本身黏性不大，會摻入豬肉以成形。

話題流浪到淡水，淡水與基隆的都類似福州魚丸，皆用鯊魚漿來做。基隆的模樣白膨渾圓，淡水是短短的橢圓形，裡頭填肉燥。我若去淡水，會順道買包魚丸回家，雖說冷凍後外皮的彈性會稍遜，但在冷凝狀態下以滾湯加熱融出的肉燥，油腥猛爆，跟基隆魚丸粉少魚肉多導致的腥味，都是味覺調正的琴鍵。

此時，我居心叵測戰縣市：

**有人講豆乾包就是淡水的 á-geh？**（有人說豆乾包就是淡水的阿給？）

調音師停止敲擊琴鍵，臉上失去表情，淡淡地說：

**基隆的豆乾包較好食。**（基隆的豆乾包較美味。）

同樣以**豆乾糋（tāu-kuann-tsìnn，油豆腐）**做主體，外型與厚薄略有差異。基隆豆乾包三角狀，淡水阿給四角形；豆乾包填入絞肉，阿給是密密的一團冬粉，欶欶大口吃，是飽足感的主要來源。豆乾包小巧帶銳角，強調厚實的咬嚙；阿給胖墩墩的，外酥內嫩的豆皮帶孔隙，口感是嚼食要點。兩者皆在豆腐皮開口敷魚漿，成分也是略有不同。

調音師的白眉毛更垂了些，他對淡水阿給百思不得其解，油豆腐裡頭怎麼會填冬粉？此時，我心裡開始ＯＳ，魚丸伯仔也有乾冬粉啊，只是另盛一碗來吃而已。

同樣是冬粉，淡水填內，基隆盛外，內外有差哪麼多？

這就是台灣小吃的風土癖性，外地人覺得奇怪不合理，在地人就是要這樣頑固地吃。若手法改變，位置形狀稍移，甚至一點點味道的差異，都不行，此為台灣人對小吃之**龜毛（ku-moo，挑剔）**。相對於日本人注重形式上的細節與禮節，台灣人是在不斷流動的、持續的變化中，恆持那內在的規矩。

我得為阿給說句話，畢竟我這南部人是先到淡水吃過阿給，之後才在滴滴答答的基隆雨棚下，發現蒸籠裡的豆乾包。

兩者的差別還有醬汁，阿給醬味道辣香隱隱散發柴魚味，跟嘉義炒鱔魚麵附贈的柴魚湯有味道上的聯繫，因其相似得我喜愛。

調音師的回應則斬釘截鐵，豆乾包就要沾基隆的甜辣醬，各家的調配不同，裡頭可能有番茄醬、清醬油、醬油膏等，調音師強調一定要有丸進辣椒醬——瓶身註冊商標的紅丸裡有黃色「進」字，丸的日語發音まる，基隆人暱稱為馬露／路（maru）進，其辣醬融合砂糖與味噌，甘甜輕柔，才能沾出基隆的氣味。

將豆乾包送入口，從魚漿、豆腐皮到內餡，由外而內口感不同；再從內而外爆出豬肉味、豆腐香與魚鮮，是台灣小吃的精密層次。

話到此，調音師眉飛色舞，校正回歸了，工作完成了，我送他離開，跨步進電梯。

下一秒，電梯打開，我想像調音師回到基隆港，霧雨中來到巷子口，坐進魚丸伯店內。大鍋裡的魚丸在雨水滴答的節奏中，正熱燙燙滾動著。他豆乾包會點乾的或湯的？白眉毛因簌簌吃冬粉而抖動著，輕靈地按下雨都的味覺琴鍵。

# 基隆是座咖哩港

只說炒飯兩字，老闆點點頭，
沒想到，端上來是盤咖哩炒飯。
朦朧氤氳，跳一曲氣味的布魯斯，
在基隆港，無處不咖哩。

參加太太的家族聚會時，常聽到有趣的話題，因其住在位於基隆河谷的七堵，這河岸曲地的街區被山巒隔開，發展出自成一格的風候與民俗。

七堵區範圍很大，除了河岸的聚落，還有山區村莊，在一九八〇年代初期，七堵國小每個年級有十一班、全校共三千多人。現今幾乎全台都有營養午餐，但在四十年前，那可是非常稀有的福利。七堵國小是基隆最早實施營養午餐的學校之一，太太與前後屆的同學、家族親戚記憶深刻，說那時很期待星期三，餐點都會煎白帶魚，雖一小塊但非常美味。

果然是基隆人，連營養午餐都有香酥的白帶魚，但談著談著，最令她們期待的，還是每週一次的咖哩飯。

那年代的家常菜口味清淡、樣式不多，在學校可以吃到滋味強烈的咖哩飯，自然普獲學生歡迎。

當時咖哩這種外來食品是非常罕見的，基隆作為港口，是台灣迎接外來事物的玄關，很早就有咖哩文化，並逐漸成為當地飲食的特色。

基隆，其實是座咖哩港。

先說咖哩麵，基隆聲名最著的麵食之一，以信二路的「正老牌咖哩麵」為例，黃油麵加入豬肝、貢丸、魚板、吉古拉、蝦子、洋蔥等配料，在雨都的街市以大火翻炒，味道微辣，散發咖哩的香氣，麵條夾附著黃稠醬汁相當好入口，料一樣一樣夾來品嚐，有山有海，有豬肉、海鮮與青菜，充分感受基隆這山海港市的多樣豐富。

雨港人的咖哩麵非常多元，在中山二路的流浪頭聚落，有道「咖哩沙茶牛肉炒麵」，咖哩的源頭來自南洋，加入汕頭人製作的沙茶，為日本烏龍麵增益味道，再炒入台灣產的牛肉，以粗莖深綠的芥菜配色並添加咀嚼感，鑊氣十足。

至於基隆河谷的「七堵咖哩麵」，就在太太娘家附近。我們剛在一起時，七堵車站仍分為前、後兩站體，前站是優雅的日式木造建築，出站後正對面巷子裡，就是七堵咖哩麵本店。

基隆的咖哩麵大多是乾炒，唯獨七堵做成湯，同樣是用烏龍麵，伴著清脆的豆芽菜，添一團咖哩醬，在湯中緩緩攪開，味道就來了。油豆腐一份六塊（可少），其皮含帶一時咬不開的彈性，咬開後見軟嫩，散發迷人豆香。吃麵嚼豆芽，豆腐香伴咖哩香，抬頭望著屋簷滴落的雨簾，即使置身於雨日比基隆港更多更濕的七堵，感覺也不那麼黏膩鬱悶了。

咖哩有麵，當然也有飯。到基隆廟口吃咖哩飯，坐在白鐵吧台前，看著大鍋咖哩冒出點點氣泡，舀進盤內拌飯，紅蘿蔔軟爛易入口，緊實肉羹自內爆出肉味，甜甜的又溫和，迷人的香氣滿溢。

無所不在的咖哩，也深入基隆的傳統糕餅店，眾多口味中就是會跑出咖哩餅，這在別處很少見。無論在廟口精華區、安一路、三沙灣或山區的暖暖，常是餅鋪的主力產品，可見基隆人有多愛咖哩。

基隆港的飲食特性，是海納各國各族群風味，加上多雨潮濕，便以咖哩來祛濕排汗，濃厚香氣又可擊退擁擠環境之異味攻擊，咖哩文化因而在雨都興盛流行。

某次，我在火車站前的孝三路覓食，走進一尋常飲食店，我是因炸餛飩而決定落坐的，順道點盤炒飯。我只說炒飯兩字，老闆點點頭，沒想到，端上來是盤咖哩炒飯。

朦朧氤氳，跳一曲氣味的布魯斯，在基隆港，無處不咖哩。

# 海味名物吉古拉

將海的氣息融入。
素的吉古拉，
特別厚圓，真是漂亮，
素素的真好吃呦！

談到「基隆學」，醬料三寶為咖哩、沙茶、味噌，火鍋三寶是手工蛋腸、三記魚餃，以及本文要談的吉古拉。吉古拉是日本竹輪（ちくわ）的台灣化，台語發音是 **tsi-kú-lah**，華語漢字流衍為「吉古拉」。

在基隆的小吃攤，尤其是賣麵、賣粥、賣米篩目的，吉古拉是必備切料；滷味攤、火鍋店，以及在地人稱為**菜頭滷**（**tshài-thâu-lóo**）的關東煮，吉古拉也是重要選項。

吉古拉分為厚、薄兩種，口感與滋味略略不同，大多切段來吃，沾上基隆款的甜辣醬，也衍生出吉古拉湯，如信三路與中正路交叉口的「龍門客棧麵店」，乾麵拌酸菜，配碗吉古拉湯，碼頭的風就此輕柔吹來。

吉古拉可說是基隆人的身分標示，是基隆食肆的獨特風景，外地人遇見這基隆名物，常陷入雨霧朦朧。

談談魚漿加工衍生的各類製品：蒸的是魚板，下鍋水煮的為魚丸，廟口著名的天婦羅是炸魚漿，塗抹於竹管或後來的白鐵管表面來烤，就是圓圓長長中心有洞穿越的吉古拉。

基隆大部分的吉古拉為工廠製作，在和平橋旁、正濱漁港的岸邊，則有現場炭烤的手工吉古拉，不僅著名，還極為搶手，在港邊手執熱騰騰的棒狀烤魚漿，邊吃邊欣賞彩色屋，可說是走踏基隆的獨門小享受。

我會買手工吉古拉回家冷凍，吃火鍋時再打開包裝，豪氣地一整條下鍋煮，魚漿自然融入湯中，不調味自鮮美。午間若想簡單煮個麵，剪幾段入清水煮就是鍋好湯，料不必多，麵自豐盈。

吉古拉也有素的。

基隆廟口「三兄弟豆花」對面有家素食攤，叫做「素食八寶冬粉」，提供麵、米粉、滷飯、粿仔、八寶羹，還有紅燒麵、咖哩飯、沙茶粿仔與當歸鴨麵線，也有素的雞卷。此店的滷味更是誘人：素肚、素腸、素米血、甜不辣、百頁豆腐、蘿蔔、花干、福袋與各類丸子等等。

素的吉古拉外型圓短、澄黃亮麗，比葷的更有氣勢，棒體厚實有味，且撒上薑絲與香菜，醬料加辣，讓味道更有變化。

我聞一聞，怎麼會有**臭臊味**（**tshàu-tsho-bī**，**魚腥味**）？素食攤應該不能賣魚漿製品吧？跟烤魚漿的味道有點像？

店員邊忙邊回答我的疑問：素吉古拉是用麵粉烤製的，那股海腥味是添加了海帶。

原來如此，不僅擬仿葷食的口感，也將海的氣息融入。

素的吉古拉，特別厚圓，真是漂亮，素素的真好吃呦。

# 蔥油餅的平等精神

就算雨水多，天陰沉，
這塊餅，不論大小，
總是烙著，酥脆著，
盈溢淡香，青翠久遠。

蘭陽平原如平底鐵鍋，市鎮村莊是餅，在上頭烙著，微溫、酥脆，且略略膨脹。

宜蘭市在溪北，和溪南的羅東鎮相對，是整座平原分量最足的一對蔥油餅。其街道好似尖利的薄刀劃過，緊實的餅因而稍稍鬆開，讓聞香的人們晃遊其間，偶被一清簡無招牌的麵店攫住，便來落坐。

我點麻醬麵配魚丸湯，太太吃炸醬麵搭**扁食湯**（**宜蘭腔唸 pán-sit-thng**），各一套兩兩成對，皆素樸到不能再素樸。麵就是麵，無其他附加，差別唯醬料。

炸醬色深味濃，麻醬則和麵條糾結成團，得用筷子充分拌勻後抽拉而上，大口嚼入，香氣盈溢口腔鼻腔胸腔，占據味覺嗅覺與心之暢快。

宜蘭的小吃分量不多，味道清淡，無怪乎宜蘭人顯瘦，一碗麵一碗湯就是一餐，質地極簡，熱量不過度。或許還有牛舌餅與蜜餞延續饞意與口感，但對我這外地人來說，就是不夠飽。

太太也是，想吃蔥油餅，貪慕三星蔥盛名，也愛那午後以油煎來解饞之理所當然。網路一查，往北邊去，礁溪那家發財車在轉角處，獨沽一味。

多年前吃過，都忘了長什麼模樣，只記得香噴噴的過癮滋味。攤車依舊在，在新店面旁，排隊人潮那麼長，不似當時我們手執美食書尋到位置時之寥落，真不可同日而語。

太太排隊，我繼續開車去買冰咖啡，繞了好一會兒回到原位，滿袋的獵物上車：紙袋開口露出部分餅皮，比天亮魚肚白更為光亮喔，餅皮很**膨皮**（**phòng-phuê**，**飽滿豐盈**），色澤淺淡，這是要突顯咬下後馴服的消風感，以嗅聞自內散發出來的香氣。

起手式像太極拳，讓感受緩慢了起來。

青蔥非擀在皮裡頭，是麵皮炸好連同荷包蛋將蔥花夾入，更能突顯蔥之清脆，咬下時喀滋喀滋，真爽朗。

宜蘭人外冷內熱，蔥油餅看似平凡卻很不凡，吃快吃狠一點就殘念了，很想再來一份的啊！蔥啊蔥，有醬油的提點，讓人的想像如風，在蘭陽平原奔馳，那拂過田園莊稼的淡悠淡晃，是宜蘭人冷凝表情中露出的一絲自信，恍如那一麵一湯之日常隨意。不搶風頭，不誇言炫耀，就是默默做事，做得長久，做得悠遠，如純淨的水長年在地下流動，只需挖個幾尺便汩汩而出。清冽，有勁，源源不斷。

開車離開宜蘭，鑽入雪山隧道，回味蔥油餅時我試想其百般樣態：是將餅皮在偌大鐵鍋烙熟，起鍋後用長刀切開，一片片疊起，安置紙袋內遞給客人。其三角尖端露出鋒芒，豪爽的食客大口咬下，細膩者小口品嚼，以次序感來解饞。

有些做法是，油倒得滿且高溫滾燙，餅皮在油鍋中浮沉都起泡了，就是要享受那油膩重口味的激昂。或細細來烙，慢火勻熟，酥脆皮，溢香蔥。更有那擀了再擀，折了再折的，疊韻多層次，蔥花偕同餅皮滋味交響。

蔥油餅屬早餐與午後點心，雖非大菜，卻是許多人的心頭好。店面小巧，甚至是神出鬼沒的攤車，販售時間短促須臾，得提早部署，以防空手回。越在純樸的小鎮小巷，滋味越吸引人。

不怕貧富差距，沒有城鄉落差，蔥油餅落實了平等精神。是以把蘭陽平原的市鎮村莊比喻為蔥油餅。就算雨水多，天陰沉，這塊餅，不論大小，總是烙著，酥脆著，盈溢淡香，青翠久遠。

# 玉里麵溫潤如玉

滑溜油麵攜著油蔥伴大骨湯簌簌入口，
在我味覺的譜系中，沖刷出新平原。
要我不辭路途遠，拂逆大山大水誘引，
一來再來，來吃碗玉里麵。

孩子念念不忘想吃玉里麵。當車子在公路上奔馳，那油蔥香氣猶如其細滑麵條，牽引我們全家往花東縱谷那一碗美味而去。

我是有點不太情願，這個老爸全台灣吃透透，從老家民雄的磅皮麵高標準餵養起，大學時讀中山大學常去港都吃牛肉拌麵，更不要說哈瑪星汕頭麵油滑脂濃配骨仔肉湯，是我乾麵人生的黃金年代。北上後，在台北遍嚐各路珍饈，牛肉麵全球最精湛，還有大稻埕的麵食伴紅燒肉與肉卷堪稱無雙。也陪媽媽在基隆體驗咖哩麵或湯或炒，雨都式乾麵無論雨天晴天，定會配上大骨熬製的餛飩湯。

哎呀！以上爸爸都帶你們去過吃過，皆Top of the world。

玉里麵真有那麼好？

車自花蓮市往南，靛藍山巒無所不在，在知卡宣大道盡頭擋路，實在霸氣也真的太震撼。續往南行，群山雄偉，綿延陪伴，絲毫不感倦膩。跨越美石如玉的大河，山只是隨意改個樣子，就讓我驚呼讚嘆。中央山脈一層層交疊往西部而去，一峰比一峰高聳，還不忘開出縫隙，任由雲霧山嵐穿繞，留給我這貪慕風景的旅客妄想一探壯麗。一路上，行道樹接連不斷，每走一段就會變化樹種，真是賞心悅目。

雙眸如滿月的小女兒，把眼睛瞪得更圓，問說：

**當時欲食玉里麵？**（何時要吃玉里麵？）

也不過是上次來後山，自台東北上，喝過初鹿牧場剛哺出的新鮮牛乳了，風塵僕僕到玉里街上吃的那家也非網路評比第一，小女兒就把玉里麵牢牢記住。

我以資料閱讀、踏查經驗判斷，玉里麵之所以大受歡迎、市區十多家之興盛，乃方圓百里無更為熱鬧的食肆。且花東以自然風景取勝，原住民部落飲食自成一格，麵食又是漢人飲食之所好，玉里就此獨霸。

相傳日治時期日人來此地開墾，始有麵食，又聞說福州廚師隨國民政府來台，輾轉落戶，賣起油麵來。除了轉運站地利之便，也因林業開採與鳳梨工廠吸引勞動人口聚集，需油鹹料多的吃食補充體力。後來更因觀光蓬勃，外地遊客不遠千里而來，原本只稱「麵」的小吃冠上「玉里」，因而專稱「玉里麵」了。

以上所述，我都沒經歷過，就像芋圓必冠九份，擔仔麵定稱台南，彰化就是肉圓，是後來的論述與媒體強加打造的。以經驗判斷，這是一種觀光化符號，我們這樣的外來客，都是要來吃名氣與名相的。

我稚嫩的小女兒應是給觀光符號洗腦了。

猶記得，某次去花蓮某高中帶活動，校長剛從苗栗調來，首要之務得熟悉在地人情風俗，當然也去吃了麵，評語很直接：「玉里麵就是客家麵。」

這讓我想起家鄉長輩常說，哪家哪家的麵，加了很多客人油蔥——台灣小吃是各族群不斷混融的過程，要耆老長輩與研究小吃者才知曉，那濃鹹中透出殊勝香氣的油蔥，客家人精擅。

是以推想，玉里雖早早有麵攤，為其根柢定味並打出名號的，是客家人。我們在著名的「阿森麵店」落坐，天氣很不花東美好，竟下起了大雨。小女兒點本格油麵，充滿懷疑精神的爸爸，選寬板白麵。

欲知一物之殊勝，不能不有對照組。白麵偏軟，比較不適合玉里麵的湯料，我白白吃著自己點的麵，眼巴巴讀著牆上的KUSO漫畫：深熬的大骨湯是必然，肉片不能少，佐料有油蔥、韭菜、豆芽菜、芹菜末。

之前的論斷被動搖了，我心也動搖，不知羞恥地跟小女兒拜託，你那碗借我吃個兩口，等一下買小米甜甜圈還你。

滑溜油麵攜著油蔥伴大骨湯欶欶入口，在我味覺的譜系中，沖刷出新平原。此時我懂了，油麵雖全台皆有，在玉里可更為細緻，於油蔥的紅亮點綴中，那麵條透顯的色澤，如花蓮八景之「秀姑漱玉」，是秀姑巒溪河床的溫潤玉石。

玉石般晶瑩，恆持著美好，要我不辭路途遠，拂逆大山大水誘引，一來再來，來吃玉里麵。

# 肉粽也可以很幼秀

握在手中小巧輕盈，
剪開棉線後，粽葉一撥就開了。
五花肉片薄薄地含藏，香菇邊角一塊，
蝦米幽微，蛋黃也小巧可愛。

在大稻埕與台北城之間晃遊，我會為明天的餐點做準備。這一帶的老味道多，外帶回家，隔天還可延續傳統之美好。

早餐的選擇是：「阿桐阿寶四神湯」的包子，「雙福食品」的麵包其肉鬆大氣奶油濃，還有款玉米、波蘿、蔥花、火腿合體的四方麵包，老派之巧心，結帳時我會感心地說聲**勞力（lóo-la̍t，辛苦了）**。要去「加福奇士蛋糕專門店」得早一點，原味海綿蛋糕鬆軟可口，巧克力口味限定日才有。甜點店大多兼賣紅茶，「冰霖古早味豆花」的太祖紅茶，茶味濃厚引人入勝，我會買一大罐連喝兩天。

沿著民生西路走，這些老店都遇得到。

偶然發現某某家賣粽子，就跟老闆說兩個字：**冷的**（**líng-ê**），不必解釋就知道是要買回去自個兒蒸，老闆轉頭從交纏的棉線中剪下兩顆：

**明仔載的中晝頓，今仔日就攢便便。**（明天的午餐，今天就準備好。）

我南部人吃不慣北部粽，從淡水河岸到台北車站兜繞萬步，這路線走過幾十次、試了好多家，買回的粽子只供填飽肚子，毫無味覺的喜悅。

某日傍晚，步行到寧夏夜市時剛好五點，正開始擺攤營業，那時天氣炎熱而疫情仍嚴重，經過「豬肝榮仔」一時赫然發現不需排隊，趕緊入座叫碗湯：小三角豬肝細膩款，淡淡冬菜融味，綜合湯還加入豬肚與肉羹，將小吃做成精品，無怪乎米其林必比登給星。

豬肝榮仔和寧夏夜市各攤位相同，小格小格湊擠，老闆穿陸軍汗衫正忙碌勞動著。喝完湯臨走前，發現粽子備有冷的，買兩粒回家試試。

隔天中午，從塑膠袋裡拎出肉粽，握在手中小巧輕盈，剪開棉線後，粽葉一撥就開了，果然是北部粽，若南部水煮粽會黏住。外層的粽葉顏色深且硬，好將味道封存，內層的青嫩粽葉襲來清香，看這兩層的講究，就知此粽不簡單。

帶葉入電鍋蒸好後，一解開，粽肉溜入盤中，淋上微甜淡鹹的橘黃醬料。用筷子夾一塊粽角，糯米香連同麻油香襲來，軟綿細緻，感覺真**幼秀**（**iù-siù**）。台語的幼秀，乃形容人氣質優雅，也用以描述細膩動作，更指工藝之精湛。

過去我認知的肉粽，若不是端午節的應景食物，就是要讓勞動者吃個粗飽，像豬肝榮仔這種幼秀款的，比較少見。

五花肉片薄薄地含藏，香菇邊角一塊，蝦米幽微，不搶味的油蔥，蛋黃也小巧可愛，腥味淡不黏膩。

麻油化開了粽肉的實體感，香氣騰出老台北之優雅，午餐時刻的肉粽，一點也不厭飫飽膩。

大稻埕在清末因茶葉貿易興起，盛極一時，日治時期連同台北城與艋舺，合稱「台北三市街」。你看迪化街藻麗氣派的街屋，世家豪宅精緻的擺設，蔚為一股豪氣，也從中拉出文雅的脈絡，影響了文化藝術，融入飲食之中。

我非大稻埕人，算是外來的觀光客，頻繁走踏之下，在吃食中發現老城區之幼秀：「賣麵炎仔」清澈的麵湯，「呷二嘴」米篩目剔瑩，「意麵王」嬌嫩的餛飩皮，「江記華隆」薄如江波的杏仁肉紙，以及「龍月堂糕餅鋪」得用指腹輕捻起的鳳眼糕……這些店不是家家老，也非同一時期形成，卻給大稻埕講究的舌頭選擇了，像線頭被抽拉而出，展開味道的悠遠長軸。

寧夏夜市就在大稻埕附近，也感染了那份雅緻細膩。

肉粽吃完我還在回味，餐桌正上方的燈泡閃爍兩下，倏然熄滅，壞了。反點醒了我，味蕾若是千千萬萬的燈泡，日常飲食吃多吃膩了，感覺遲鈍麻痺，好多盞早就不靈了。

肉粽是傳統的，首次吃豬肝榮仔這顆的我，感覺新穎，猶如更換新燈泡，換上新味覺，重按開關，煥發明亮，舌頭也為之幼秀了起來。

# 涼麵越簡單越厲害

焦躁膩煩縫隙中的一碗清簡。
減法更勝加法。
將麵的鬆軟彈性與醬的氣味細調到最合適，
這樣就好。

除了淡水河沿岸的舊城西區，向來，我對台北市的小吃不抱期望，更別說信義區和松山區的現代街廓。

那天，到松菸訪友，步入老廠房翻舊為新的長廊，猶如時尚走秀，錯身而過的是一群顏色造型「文文創創」的文青，以及讓人「不能不看」的網美。時代真錯謬，老舊殘跡起死回生，吸引的是青春的肉體。

朋友太忙錯過晚餐，本以為會去松菸往西那不斷滋長的居酒屋吃消夜喝啤酒。他是高雄人，體貼我這嘉義人愛鄉愛土，邁開台步穿越伊東豊雄擘劃的穿堂，將內藏電影院的地下街與其上的誠品書店拋開，鑽過荒涼的高架橋，竟有一長條畸零地熱鬧如夜市，餐廳朝馬路的那面設計成日式長條板前迎客。

我和朋友選擇台式熱炒圓桌，先向衣著緊身的酒促小姐點罐啤酒，小菜簡直是西班牙TAPAS，店家勤快端上桌。

台北這大都會要找到這樣的露天開敞處，實在不容易，竟還可放開喉嚨喧騰不怕擾鄰，我倆便剖開心肝瘋狂**拉天（la-thian，談天說地）**。

中場休息，我去解手，店員指引往裡頭直走左轉，人就半醉半癲踏入這市場深處。

聞到一股奇妙麵香，美食雷達隨即嗡嗡響起，判斷這家店必定不簡單。只見三、五人圍繞著工作平台，徒手將一座座小山般的油麵撈起、抖動、弄鬆，動作熟練，神情專注。

我誤闖的是涼麵店備料的後場。

我對台北的涼麵偏見很深：油麵的彈性怪怪的，芝麻醬涼薄如人情，小黃瓜乾柴，還加化學芥末。真不如我們嘉義的涼麵，麵條寬軟，不只拌合芝麻醬還加

**白醋（pe̍h-tshòo）**，將麵條與兩種醬料充分攪拌融合，撒上蒜泥，佐以咬起來滋滋脆的黃瓜絲，濃淡得宜中透出甜味，透出將氣味拉拔升騰的微微酸氣。

在台灣小吃的演進史中，涼麵算後出的，因嘉義人的翻雲覆雨手，將炎熱氣候逼出清涼境地。

回到熱炒圓桌，朋友大力推薦這家，我就來排隊排看看。

朋友賃居在這附近，很熟這家涼麵，晚上九點半開賣，營業十二小時，售罄即休息。常是通宵達旦的排列等待，夜半不寐的男女偷歡一晌美味，比其旁的日本料理與熱炒店更為出名更為極樂。

若非牆壁釘上價目表，真不像一家店。等待時，從廚房的出菜口，看到那小山般的油麵給勤勉的手撈起、抖動、弄鬆，連同麵香與饞意裝入透明塑膠盒，我放入背包，一路護送回家，小心放入冰箱。

從夜半到清晨，我總是想著那盒涼麵，腦袋中那冰著的意象掛念著、誘引著，糾纏到了午間。又不是沒遇過美食，如此的掛念很少碰見，因我深知，最簡單者最厲害。

打開塑膠盒，只有涼麵、黃瓜、芝麻醬。店家告誡若不現場吃，放久或冰藏，麵條會比較硬，這疑慮隨著芝麻醬倒出與麵條攪拌後化解。

充分拌攪的過程，乃品嚐涼麵的一大享受。見真章時刻來臨：夾拌著芝麻醬的油麵滑溜入口，麵條軟硬與醬汁濃淡皆恰到好處，給人一種平凡功夫做得紮實，紮實到不凡的感悟。

愛吃麵的我，最痛恨疊床架屋的佐料與調味。尤其乾麵，是焦躁膩煩縫隙中的一碗清簡，減法更勝加法。更別說涼麵了，多餘的就去除，將麵的鬆軟彈性與醬的氣味細調到最合適，這樣就好。

欲達理想範式，其誤差非常細微，得要手工觸感，出爐時間，在地風候，顧客舌頭的琢磨，很多微不足道的條件遇合的甜蜜點，相當微妙。

在時髦現代的環境吃最簡練的食物，這才是台語所說的**束結**（**sok-kiat**，**簡練**）。油麵與芝麻醬共伴如颱風，騰出中心的颱風眼，讓我在如此一個平庸尋常的午間，轉出清楚朗然的記憶點。

# 一個人的台北米粉湯

我們都是孤寂的米粉湯，
在這人生的擺陣中，
挑選自己喜歡的小菜，
沒有人拘束你，點菜搭配全在自己。

媽媽開刀住院，我專程回嘉義陪伴，雖不是嚴重的病症，醫生還是要求過夜觀察。幾番折騰，媽媽好不容易安穩入睡，交代護士後，我便出院走走，短暫喘息。

嘉義基督教醫院，以前在地人叫**阿啄仔病院**（**a-tok-á pēnn-īnn**，**外國人醫院**），一九五八年由美國信義會自由堂的教士戴德森醫師創立，為醫療資源缺乏的嘉義早期的大型醫療機構之一。

醫院位於台林街與台斗街一帶，屬嘉義市的外圍地區，沿著街道有許多在地的飲食店，我邊走邊留意有沒有合媽媽口味的碗粿、肉粽、麵食……赫然發現米粉湯，還特別標明「台北」兩字，仿若我又搭高鐵去到台北——見一鍋濃濁的湯浸著白短米粉，還有大塊蘿蔔與油豆腐半浮半沉，疊滿豬皮與腹內。

米粉湯特別標榜台北，可能是米粉有粗有細有長有短，實在太多款，得聲明台北米粉湯，才不致混淆誤會。

我最初的認知，米粉是用炒的，**米粉炒**（**bí-hún-tshá**）是媽媽的手藝，是廟會時那幾大鍋炒給信徒吃的辦桌盛宴。至於米粉湯，和炒米粉相同，我習慣吃的是以玉米粉增添韌度的細米粉，後來定名為「炊粉」，伴雜菜熬煮，煮得濃郁適口。

米粉，是飯麵之外的第三選擇，是我個人對此食物的「原初設定」。沒想到美食之都府城讓我開了眼界，小卷米粉的湯與海鮮夠讓我驚訝了，更驚訝的是，米粉還那麼粗圓。原來，古都的米粉以純米磨製，不重彈性與嚼感，要感受的，是米香的原味。

台北米粉湯的吃法為乾濕分離，是一整碗湯的米粉搭配許多小菜，那吃食的陣仗，猶如一個人的桌菜：圓心是用豬大骨深熬的米粉湯，小菜只點油豆腐與蘿蔔為基本教義派，或再加三層肉、豬肝、豬腸等內臟，炸物則有代表老台北的雞卷與紅燒肉。隨著健康潮流興起，各種汆燙青菜也端上桌。台灣人就是喜歡混搭，各種小菜紛紛列於菜單，二、三十種都不算多。

**人佇食米粉湯，你咧喝燒（huah sio）**。

這句俗語要闡明的是，別人在吃熱騰騰的米粉湯，你卻在旁邊喊好燙好燙，比喻好管閒事、愛湊熱鬧。

台北米粉湯，代表都市的個人精神，餐桌通常不大，甚至要併桌，好似城市的空間窄小、人湊得近又緊。其實我們都是孤寂的米粉湯，在這人生的擺陣中，挑選自己喜歡的小菜，沒有人拘束你，點菜搭配全在自己。先喝湯，還是先夾小菜？沾甜辣醬，還是清醬油？徹徹底底地什麼都不沾，有那一口濃濁透心的湯就足夠了，嚼著嚼著讓淡淡的米香自唇齒間冒出，這是源自台北市的小吃，也是最最個人的城市況味。

打電話問媽媽要吃什麼？她說不用，要我趕緊回去，醫生說傷口沒大問題，可以出院了。

若台式火鍋是傳統的人情味，料全煮在一起，一群人吃才過癮，共和中有個人挑選的自由；台北米粉湯就是都會的個人精神，料獨立成盤，一碗湯一個人，自己挑選自己的模樣。

和媽媽的關係是火鍋，但也要有各自的米粉湯，給彼此喘息與休息的空間。

# 未來系台灣拉麵串流

台灣人強在技巧精進，善於變竅。
或許有一天，
外國人來台不為珍珠奶茶，
而專為正港新台灣拉麵揮汗排隊。

我在拉麵店遇到「拍謝少年」。
是在門口排隊時聽到的，起初不是很確定，遂抽出iPhone請教：
順聽：這是什麼歌？
Siri：讓我聽聽看。
手機螢幕刷出專輯封面，是廖小子掄得金曲獎「最佳專輯裝幀設計」的海波浪對拳，拍謝少年奮力唱出〈北海老英雄〉這首歌。真沒想到，我童年時看的卡通《北海小英雄》也老了，幸好台語歌不老，一直在應戰新的敵人，一直有新的旋律譜出。

高溫頻破紀錄的七月天，在座位稀少偪促的拉麵店排隊，我的衣服快被烤成薄餅了，在烤焦之前，終於輪到我。

到自動販賣機前點選，主要有三種口味：醬油、豚骨，以及鹽味翠雞——是用蝶豆花熬製的藍色湯頭，聞不到**臭腥味**（**tshàu-tshènn-bī**，**植物生腥味**），因用雞湯熬煮，反升騰出一股清新的油香，像嘉義火雞肉飯最後淋上的那匙油。

但雞油香留在米飯就好，加入麵我比較不愛。濃郁的豚骨湯黏稠近乎膏，醬油口味的拉麵比較溫和，留下餘裕讓其他食材來發揮。在螢幕點選好，把鈔票送進薄口，機械溫吞吞吃入紙鈔，響噹噹掉出銅幣，發票與點菜單便靜靜躺在取物孔中。

這儀式很重要，相較人工點菜，日本拉麵店顯現強烈的都會性格。投幣式點餐機可以省去人力開銷，收支數字清清楚楚不會有差池，不過這端賴客人的規訓養成，更要有迅速的維修後援。

現代都會性格還顯現於狹窄店面，以及高定價。須知台灣街頭巷尾的尋常麵店，無論是攤位或店面，主食價格不至於太高，多以小菜獲取利潤。台灣本地款麵食平均價格最高的是牛肉麵，外來款為義大利麵，許多精緻拉麵已超越這兩者。

我癡迷的這家「真劍拉麵」，非日本舶來連鎖店，而是台灣本地師傅修習練功後獨立出來開設的。由於母店網路聲譽甚佳，排隊狂潮不退，徒弟就自己出來展店，開在師大夜市的小巷內，客群鎖定大學生與年輕上班族。

醬油拉麵做好了，師傅置放吧台高處，我得伸出雙手自行端下。此動作學生與年輕族群比較能配合，若是中老年人則需要更寬敞的身體挪移空間，我這中年大叔將平均年齡拉高囉。

眼看海苔就要軟掉，得及時。先喝湯頭，吸入第一束麵，咬下叉燒肉配筍乾，溏心蛋不急，讓內裡滑潤的半熟先溫存一下。

拉麵首重湯頭，麵與叉燒是主角，蔥花、筍乾、木耳、魚板、玉米、蛋等配料雖各家殊異，百變不離其宗。日本拉麵源自於中華麵，經多重蛻變與演進，已發展出固定的模式，顧客一看到拉麵店的招牌，心裡已經有數，於固定的拉麵模式中，選擇湯頭、麵條、配料與流派等。

不變中求變化，便利中求深味，簡練中熬成千味之麵。

此時，店裡音響放出半生不熟的歌，我咬破溏心蛋，喚Siri來辨識。哇！是華麗帥氣的饒舌歌手李英宏，都市叢林中煙視媚行，台語華語流暢轉換，耍帥又自在，可說是新台派歌手的代表。

在台的日系連鎖拉麵店，很少如此安排音樂的，連號稱台灣人開的拉麵店，也不是那麼常放台灣流行歌曲。日式拉麵是從中華拉麵衍生的，是否，我們也可發展出屬於台灣的拉麵？

不只肉燥，也可以添加台式配菜：蚵乾？滷大腸？烏魚子？骨仔肉？更可以從店面的裝潢，品牌的故事，以及背景音樂中突顯台灣特質。

我到日本吃拉麵最深的印象，不是販賣機，不是熱情齊整的招呼聲或鹹得要死的湯頭，而是音樂。店內播放日本在地的流行音樂、獨立樂團、嘻哈歌手、金屬搖滾等，節奏大多飆速，情緒高昂，可催快顧客吃食速度，增加翻桌率，更是拉麵印象之強力烙印。

台灣人強在技巧精進，善於**變竅**（**piàn-khiàu，發揮創意**）。或許有一天，外國人來台不為珍珠奶茶，而專為正港新台灣拉麵揮汗排隊——店內強力播放 Taiwan POP，有原住民各族語、客語、華語以及台語歌：閃靈，滅火器，茄子蛋，百合花，美秀集團，珂拉琪，青虫，裝咖人，阿跨面……以此烙印台灣印象，進而展店海外，吸引全世界饕客，就為了特有的台灣氣味，為了那鑽進耳朵、鑿入腦內的 T- POP 台音串流。

輯四。

# 相借問

# 湯餃為何不乾濕分離？

若水餃是從水中救起的，
煎餃猶如下油鍋捐軀，湯餃就更可憐了，
本來已經被救起，再度跌落深淵。
真是一種很奇怪的存在捏。

疫情期間，太太在外送的網頁選單中，乍然發現「老山東牛肉麵」（萬祥號麵莊），這間位於萬年大樓B1的經典老店，許多台北人從小吃到大，好久沒吃了，想說就點份水餃吃吃。

奇怪的是：外送選項只有湯餃，沒有水餃。

湯餃，這是我最無法理解的吃食，水餃就水餃，牛肉湯就牛肉湯，為何要將兩者混在一起？

水餃乃在清水中煮熟，撈起來瀝乾後沾醬吃，全台皆如此。不知是誰發明的，將清清白白離水的餃子再丟入混濁的牛肉湯，外皮豈不老爛，內餡會被牛肉味蓋住啊？

想起三十年前剛到中山大學讀書時，首要學習的，是到哈瑪星認識高雄小吃，同學相約去吃「海之冰」、旗魚丸湯、珍珠奶茶，為菜鳥的入學式。吃著吃著就被學長帶到渡船頭前濱海一路的餐館，其封閉的內裝幽暗神祕，不似港都的麵攤任光風自由來去，學長說這家的湯餃超有特色，叫我一定要嚐嚐。

牛肉湯裡沒有牛肉，而是浮腫的水餃，此碗內奇觀，我人生第一次目睹。抵擋不住學長的熱情，只好勉強完食，那股違和感就此縈繞著，從大學菜鳥變成麵龜爸爸，三十多年了，我依然深深疑惑著。

就在外送員送餐的途中，我試著解開這疑惑：水餃本是和牛肉湯分開的，吃水餃時要手拿筷子，且沾小碟裡的醬油，之後若要喝湯，得放下筷子去執湯匙。這樣筷子湯匙執起放下起起落落，頗為麻煩。若點湯餃，只消一根湯匙就可盛餃舀湯，不用筷不用碟，持續同樣的動作，大碗就此見底，肚腹飽足。

難不成是款懶人料理？

偶爾在餐館，瞥見旁桌的人伏著身子，一手舀湯餃，一手拿報紙，很老派的姿勢。貪讀文字貪吃水餃這熱量炸彈，牛肉湯濃無法讓口感清爽，而是油上加油，過癮還要更過癮，兩菜合一，一兼二顧。

湯餃是如何發明出來的？難不成是客人筷子沒拿穩，餃子噗通跌入湯碗，救起來再吃頗為喜歡，向店家建議而來的？或是廚師撈餃子時不小心掉進牛肉湯，靈光乍現，遂成為菜單上的品項？

想著想著，外送就將湯餃送抵我面前，心中再度呼喊：水餃與牛肉湯就該乾濕分離，為何將兩者湊在一起！

都花錢買來了，還是得吃——水餃的老麵皮具嚼勁，於湯中浸久不顯疲態，內餡的肉感與菜味堅持著，一咬到軟骨讓我齒牙鏗然，料果然實在。牛肉湯不過於油膩，不至於腥羶，以紅燒的香辣襯托水餃內涵，維持著相當的均衡。

理智上無法接受，我還是吃下去了，這樣的違和感，就是台語所說的**礙虐**（**gāi-gio̍h，彆扭**）。

我這樣跟小女兒抱怨，她戳了我一下：嘉義的涼麵醬料加白醋，也是很違和啊！

普遍涼麵的吃法，是芝麻醬拌油麵，或加芥末醒味，嘉義涼麵則以白寬麵條稠入白醋，滑溜滑溜的，甜味中散發些許酸氣。愛者恆愛，怕者恆怕，許多外地人無法理解無法接受，嘉義人認為這理所當然。

想想也是，維力炸醬麵的原設計是款乾麵，麵泡熟後將湯倒入湯碗並加入調味粉，瀝乾的麵條則與豆瓣醬拌合，真是百吃不厭。但就是有人將這全部倒在一起吃，超級違和的，是食客的創意？或美麗的錯誤？

碗中剩兩粒湯餃，問二位女兒要不要吃？立刻被拒絕，理由也很怪，說湯餃也是種水餃，她們不愛水餃，覺得乾乾的，比較愛煎餃或鍋貼，皮煎得酥脆，油滑好入口，內餡還會微爆漿。

在我小時候，冷凍水餃開始普及，是家常菜之外的簡速選擇。烹煮方便，食用也簡單，剛起鍋的水餃燒燒燙燙地沾醬油入口，一粒粒直擊味覺。煎餃算後起之秀，到女兒的世代，連鎖店到處都是，她們從小習慣那酥脆油香的滋味，相對而言水餃就顯得不夠緊實……不對不對，水餃浸在牛肉湯裡，皮就不那麼乾了，怎不來試試？

**水餃就是水餃，煮湯足奇怪的咧？**（水餃就是水餃，煮成湯很奇怪啊？）

連女兒也感到違和。

若水餃是從水中救起的，煎餃猶如下油鍋捐軀，湯餃就更可憐了，本來已經被救起，再度跌落深淵。真是一種很奇怪的存在捏。

# 這些食物到底可以多Q？

嘴巴禁不住下意識咀嚼起來，彷彿麻糬剛剛入口，除了味道甜滋滋，口感才是最吸引人的。

開著車穿越花蓮市區，眼見滿街招牌，孩子不禁發出了疑問：**為何規條路攏咧賣麻糍？**（為何整條路都在賣麻糬？）大人習以為常的現象，在孩子眼中變成問號。麻糬這種軟黏彈牙的食物，歷史相當悠長，說法也很紛紜：有人說來自原住民的小米麻糬。中國華南一帶自古即有，隨著漢人移墾來到台灣。日本人也有麻糬文化，在日治時期引進來台。

眾多源流匯集融合，在台灣經濟起飛的年代，運用現代化的製作技術與行銷手法，麻糬就此更為普及。

原住民用木杵搗麻糬的傳統，在花蓮揉捏成一種觀光印象，將台灣人的偏好結合在地風土，疊加店家的手作功夫，成為到花蓮遊覽時不得不吃、也不得不買的**伴手（phuānn-tshiú，隨手帶走的禮品或土產）**。

我在車內認真上課，孩子不太認真聽，只是困惑，為何沿路的廣告招牌都在賣麻糬？相似的名字與意象大亂鬥，搞不清楚哪家是哪家？眼花撩亂，真的都軟黏在一起了。

當我正要說起店家間的恩恩怨怨與商業競爭時，嘴巴禁不住下意識咀嚼起來，彷彿麻糬剛剛入口，除了味道甜滋滋，口感才是最吸引人的：

台語漢字：**𩚨**。

羅馬拼音：**khiū**。

用華語來解釋台語的𩚨，是說食物柔軟有彈性，帶著嚼勁，相當可口。如此這般的解釋太長，無法為口感點睛。有些飲食書寫與美食報導會用彈牙、軟糯等形容詞，文雅是文雅，都不如𩚨一音必殺。

這就是坊間用英文字母Q替代的原因，單音詞直接有力，符號外型像伸出舌頭的貪吃鬼，生動趣味。在此要正音，台語的**khiū**是中平第七調，英語的Q為高平調，兩音有調值的落差。

世界各國各地的食物，多少都有這樣的口感，例如西式的軟糖與布丁，但要像台灣人這麼專精且癡愛的，舉世罕有，甚至還國際化。Q這個詞，曾登上《紐約時報》，大幅介紹這台灣美食引以為傲的口感。

女兒天真一問，我才驚覺，台灣人的飲食，到處都很飷。

全家就在車內玩起了食物接龍，一人說出一道「飷物」，從珍珠奶茶的粉圓開始：粉條、粉粿、粉角，接著是芋圓與仙草，都可融入奶茶中，是迷死人的QQ系列。

善於舉一反三的孩子，迸口而出米篩目。是啊！這再平凡也不過的台灣小吃，甜的做冰品，鹹的可煮湯也可炒香，變化萬端。

我口內開始分泌起唾液了，懷念家鄉最打動我的肉圓，那種咬破外皮讓肉餡油光乍現的口感，讓人一粒接一粒。

南部的午後點心是肉圓，北部是麵線較為盛行，勾芡的紅麵線軟滑帶韌，而肉羹、魚羹、滷大腸等餡料，多少帶一點嚼勁，這也是種飷。

孩子順其喜好發想：粿類的口感也是同系列的，無論是菜頭粿、肉粿、油蔥粿、發粿、紅龜粿、草仔粿、芋粿曲……無論加入何種食材，純粹蒸炊或再拿來煎，第一口就要飷。

常用來捉弄外國觀光客的小吃怪奇：蚵仔煎、豬血糕、皮蛋、雞心、雞屁股全都中獎。基隆名物吉古拉與蛋腸也是；更不要說火鍋料概念股的魚餃、燕餃、蝦餃；各式魚丸、貢丸、花枝丸；長得很像的魷魚、花枝、透抽，統統有飷。

麵條，不是輕易地一次就能咬斷，帶點反抗性最好；有些米飯的基本教義派主張，要在鬆軟與乾硬之間，找到那恰恰好的 **khiū**。

曾在嘉義海口做田野調查，漁民說蚵仔最新鮮最有彈性時，台語的發音是：會 **suâinn**。

接龍到最後都在胡搞，女兒亂說起又稱蕃薯丸與地瓜蛋的 QQ 球，麵疙瘩也 QQ，連滷肉飯都有同名連鎖店。

到最後，孩子喊餓了，想吃點心。太太就端出那小心平放著，保存期限超短，沾滿黑糖粉的極品小麻糬：黑糖甜心。

車內的歡笑聲就此軟糯彈牙起來，既然無法擺脫，就將它吃下，讓口舌肚腹也來飫飫飫。

# 原來我們吃的是偏執？

我這顆孤獨星球，
在夜市尋熟悉滋味，
為食慾的出口找到喜歡的攤位，
坐上去，就對了。

在飲食的宇宙，每個人都是孤獨的星球，沒有誰能夠強迫誰，套用日本作家大江健三郎的書名，純然是「個人的體驗」。

在孤獨的星球，人人都在尋找食慾的出口。尤其是台灣人，對飲食如此執著，常讓歐美人士困惑：為何這餐還沒吃完，就在計畫下一頓？餐飯的滋味影響心情更甚於天氣？不過是填飽肚子而已，為何**食飯皇帝大**？

滋味之偏向，與個人的體驗有絕對的關係——這緊緊繫連著童年回憶、風土浸潤、個性喜好。

像我這固執的嘉義人出外，對火雞肉飯仍抱持執念，所以會繞一下彎，找些類似的滋味，讓個人的體驗不至於太過違和。

北部的傳統小吃還不少，在萬華、大稻埕、美食之港基隆，戰後嬰兒潮中南部人北上打拚聚集的三重、新莊、板橋等地。

以及位於台北建成老圓環旁的寧夏夜市。

攤位擺列街道中央，傍晚才開賣，有新潮，也留存著老滋味，雖說天天被國內外觀光人潮衝擊，依然有許多味道讓我的食慾忍不住。

穿越夜市時發現郭魚湯，心頭頓時拂來高雄港爽朗海風下，夾魚肉沾哇沙米腥嗆入口的回憶。望見咖哩飯立刻超連結基隆廟口，寧夏夜市款的肉韌蘿蔔大塊。打蛋入淺鍋煮的蛋包，讓我想起在嘉義吃的冬菜蝦仁蛋湯。

還有知高飯，是台語**豬哥飯**（**ti-ko-pn̄g**）華語借字，攤前滷滿滿的豬肉各部位，豬腳飯、腿庫飯、排骨飯以及香菇赤肉飯：**赤肉**（**tshiah-bah**），就是**瘦肉**（**sán-bah**），又稱作**精肉**（**tsiann-bah**），各地稱呼不同而已。

就在扒食當下，我靈感湧現，趕緊記錄下來：

**豬跤飯**（**ti-kha-pn̄g**）：骨肉一體的凝聚，得三百六十度咬嚙，氣味殊勝。

**腿庫飯**（**thuí-khòo-pn̄g**）：皮筋如手風琴悠緩拉開，分段分節將肉吞食。

台灣人吃飯習慣有湯來配，這家的手法為**燉路**（**tūn-lōo**），乃將食材先放入鋁筒內，排入抽屜般的蒸籠裡，久蒸煉出精華。客人點餐時再抽拉而出，夾出熱騰騰的燉筒，倒扣碗中，添加高湯，這家的選擇有金針排骨湯、蛤仔排骨湯、苦瓜排骨湯，苦瓜丸湯。

別忘了桌上讓客人自由添加的菜脯，不死鹹，爽脆喀滋，下飯最高。

知高飯的滋味，解我這門牙縫特大的嘉義人的鄉愁，同樣是飯，講究不像火雞肉飯之病態，標準放寬點，比較能嚐到滋味。

寒冷的冬日，我常到「環記麻油雞」補補身子，點碗赤肉清湯配麵線。若有幸坐在廚房前的吧台，看店家用平底鍋煎荷包蛋，麻油爆得香滋滋，荷包蛋金黃微焦。寧夏夜市賣蚵仔煎的有好幾家，民生西路上的「賴雞蛋蚵仔煎」將粉煎得近乎焦之硬脆，猶如蔥油餅，醬淡淡的來襯托，蚵仔之大小與嫩鮮就不那麼重要了。

整條寧夏夜市有百多攤那麼多，為何我吃的就是這幾家？

此為個人的偏執，不改之死性，我這顆孤獨星球，在夜市尋熟悉滋味，為食慾的出口找到喜歡的攤位，坐上去，就對了。

# 一碗粥值多少？

老阿公拄著拐杖，向老闆點了點頭，
手伸入口袋，再緊握拳頭而出，
在餐桌上方放開，零錢噹啷啷掉落。
老闆連算都沒算，就將零錢收起。

凌晨六點，騎著腳踏車在大馬路上奔馳，週末的台北仍在眠夢中，人聲寂，車輛喇叭不響。早晨的薄霧拂臉，在這難得的沉澱時刻，瞥見迪化街華麗街屋立面的捲草圖案，驚豔那古典之美。

我踩快踏板，平衡重心，放開把手，緩緩平展，猶如飛機滑行即將升空。接著，雙手握回，車頭一偏，轉入大稻埕的巷弄中。

甘州街這家早餐店清晨四點營業，沒有店名，我算來得晚了，幸好，菜色仍多。說是店也不像店，騎樓下兩根柱子中間停一台老舊攤車，桌子椅子隨意擺擺，就賣了幾十年。

老闆用大鑊將生米撥啊撥，撥入鼎沸的鍋中，邊攪邊煮成粥後，舀入碗中端上，我挑的配菜有麵筋、醬菜、滷竹筍、豆腐，以及對街「呷二嘴」門口現炸的「張記油條」，一咬，疑惑口中的酥軟怎會如此適中。

喝粥的時候，空氣清新，腦子也變得清新，車輛稀落近乎絕跡，沉浸在大稻埕迷人的歷史氛圍中，吃古早的美味，這頓早餐，有難以言喻的幸福。

卻不能不看對街的那處不堪。

二〇〇二年五月二十六日凌晨，在市政府正式要將大稻埕長老教會列為古蹟的前夕，不明人士竟派怪手將最有價值、蘊藏最多感情記憶的立面，惡狠狠打掉，如同將人的臉面硬生生撕下，徒留殘破的磚頭及懸空的木檁條。

為防教堂繼續崩塌，建築內部架設鋼骨以撐起主結構，再罩上鐵皮屋頂抵擋風吹日曬，以圍籬阻擋可能的入侵，這是一張粗陋失敗的面容。主張拆除與保存的兩派人馬僵持不下，榮耀上帝之處在狼狽的時刻定格不動。

我夾麵筋伴清粥，多扒了幾口。環顧四周，沒有意外，都是長者，身影佝僂如皮影戲，遲緩地從我身旁經過，靜靜坐下，吃早粥。

鄰桌的夫婦，望著某戶大門開敞的住屋，開始批評，說天花板矮，空間太深長，方位不對，格局不夠方正，要怎麼住人？

有位老婆婆取出假牙，和端菜的歐巴桑聊起天來。回憶往事，抱怨老公不忠兒女不孝，哀憐感嘆。歐巴桑說你慘我比你更慘，為了比較誰苦命，竟起了爭執。

我放下筷子，再起疑惑：人生就該越來越慘嗎？為何我們總是用嚴苛的眼光看待老朽，以為不合時宜，不惜剔除砍掉？為什麼不是比較誰比較幸福？

如果，我的早晨可以像戲劇那樣排演，都市有機會重組，該怎麼安排？

想像大稻埕是處尊重傳統的地方，不會有人視歷史為眼中釘，狠意巨大到成為怪手。老舊的房子被精心保存，內部的裝設乾淨舒適，住戶在新舊交融的空間中感到自在榮耀。出門走幾步路，就有清巧有味的小吃店家，口味深厚不流俗。

理想的交通工具，不是汽車摩托車，是腳踏車。現代的交通工具帶來一時的方便快速，但當所有人都想享受時，不方便反倒橫生。因為停車、因擦撞而**齷齪（ak-tsak，煩躁）**，那拚快節省下來的時間，早消耗殆盡。

我們為了追求便利，增生許多事物，疊床架屋，生活反倒遲滯不前，焦躁難耐。如果可以省除就省除，留下簡素精神，騰讓空間，給清新安靜，給生活的從容自在。

喝粥，清淡中米粒飽滿，幸福感再度浮現。

請老闆來算錢，超乎想像的便宜，台北那種無所不在的消費壓力頓時消解，我理想的生活，要將低廉的物價納入。

此時走來一位老阿公，拄著拐杖，向老闆點了點頭，手伸入口袋，再緊握拳頭而出，在餐桌上方放開，零錢噹啷啷掉落。老闆連算都沒算，就將零錢收起，很快就將老阿公的每日粥菜端上。

人不怕老，就怕鏽蝕，幸好，信任在這裡還完好著。

車潮逐漸湧現，城市喧擾了起來。我騎著單車在大馬路上左閃右避，危險萬分。幸好秋陽怡人，沿著河岸的單車專用道，從大稻埕碼頭出發，過大龍峒，暫歇喝水時遠望關渡大橋。繞行一圈社子島，過河到關渡宮，敬拜神明，補充冰水。之後加速，沿著關渡自然公園而行，穿行紅樹林，到終點站淡水。

這速度比開車慢，比捷運慢，比整座城市都還慢。

因為慢，漸漸知道，自己要的是什麼，不要什麼。

◎此文二〇〇六年十月發表於《幼獅文藝》，文中所述之清粥小菜早餐店已不在原位，大稻埕教會幸得修補復原，重現榮光。

# 半熟蛋非常危險？

對蛋白包裹蕩漾蛋黃之偏執，
是在漸漸麻痺的日常飲食中，
尋求鬆動與變化，
在無聊中動滋動滋的樂趣。

吃拉麵時，我習慣先吸口濃湯，嚼一束麵條，等海苔慢慢變軟，撥開叉燒肉、筍乾、魚板、蔥絲後，用筷子劃開溏心蛋，好奇那半生不熟的內在。

同樣是半熟蛋，溏心蛋與溫泉蛋有何不同？

在網路搜查，除了烹製手法不同，補習班式的歸納是這樣的：溏心蛋外熟內生，溫泉蛋外生內熟。

再解釋得詳細些，溏心蛋的蛋白凝固熟透，蛋黃半熟；溫泉蛋則蛋白未凝固，蛋黃凝固半熟。

無論如何，這兩種「蛋道」皆來自日本，必定要有高水準的飼養與衛生條件，才敢**半生熟**（**puànn-tshenn/tshinn-sik**）。

在台語的脈絡中，半生熟乃指食物料理得不夠徹底，帶有貶義。古早的台灣，漢人種植青菜時會用糞便施肥，是以必得洗乾淨、煮熟透才上餐桌；而肉類要滷得油鹹入味，才能讓從事勞動者獲得飽足感；魚蝦最好趁鮮食用，要不就醃製處理，殺菌防腐以利久存。

是以半生不熟的食物，多為廚房備料，罕見直接上餐桌。尤其漢人多以熟食為尚，生冷屬日、法等國的高檔料理，半生熟有影是**毋成樣**（**m̄-tsiânn-iūnn，不成體統**）。

時代會變，口味也會變，曾幾何時，嗜好半生熟者，竟形成徵逐滋味偏鋒的前衛舌頭群。

君不見某位台灣文學研究者，長得福氣笑呵呵，人稱「台文小叮噹」（哆啦A夢舊稱），需要什麼文獻資料，找他就對，隨即從百寶袋拿出你夢想的法寶，解決各種難題。此君台南人，自幼被府城的小吃寵壞，極嗜美食，甲殼類螃蟹龍蝦時常從其臉書橫爬而出。就算無法餐餐極樂，日常清寥早晨，於街頭巷尾的尋常早餐店落坐，必點半熟蛋。

此君姓陳名允元，臉部辨識即知是超級饕客一枚，對半熟的蛋黃有一種忍不住的撲身。可不是牛排店鐵盤上那搖晃的半透明，翻攪幾下就熟爛了，不算不算。對蛋白包裹蕩漾蛋黃之偏執，是在漸漸麻痺的日常飲食中，尋求鬆動與變化；是視飲食為人生鐘擺者，在無聊中動滋動滋的樂趣。

先聲明，蛋需全熟才安全，孩子、老者、體弱者不宜。具信譽且重視衛生的店家，甘冒風險販售半熟蛋，就要有一定的自信把握，讓食客滿足那滑溜溜的動滋動滋。

除了日系飲食，台灣小吃也有半熟蛋。例如遍布台北城內外的福州乾麵，湯品不僅有魚丸，蛋包也是一絕，戳破其厚白的外皮，看蛋黃流溢湯中漸漸凝固，簡直是影像鏡頭的放慢再放慢。

我會用湯匙緩緩盛起，伴些清湯入口，感受湯鮮蛋香的共伴效應。此時就會有人出聲，這樣不夠內行啦！把半熟蛋黃與乾麵充分攪拌，讓蛋汁與豬油的香氣齊時發威，這才是正港的饕客。

半熟蛋不光台北的福州麵店才有，在基隆的孝三路，位於三角窗的那擔乾麵亦是經典。相對於細圓福州麵，基隆在地的寬扁麵條，也宜於蛋汁。基隆款乾麵較為乾硬，可拌甜辣醬或淋上大骨湯。走險路的吃法是讓蛋汁融入，猶如乾涸的靈魂領受鮮黃滋潤。基隆人早上就吃乾麵，一日之始就如此邪惡。

這家「三角窗麵擔」斜對面的巷子內，有家「天天鮮排骨飯」，十一點剛開門就大排長龍，其主菜分排骨、雞腿、鮮蝦三種，甜爽的高麗菜與鹹菜非常下飯。

無論是週週要吃的基隆人，或走高速公路、搭客運火車前來的外地人，常是為了那一粒粒落油鍋的炸蛋，邊緣還炸出蛋酥來，實在太誘人，簡直是犯罪。吃這便當猶如引爆炸彈，蛋汁與肉汁拌醬汁，如火山熔岩蝕入米飯，蝕入味覺神經。

半熟蛋極度危險，一但沾惹，連小叮噹都沒得救，走美食的險路，得小心安全。

# 台灣也有三大洋食？

陌生人變成親近的家人，
台式洋食，是我們這個世代的新台味。
發展時間一久，我們的理所當然，
竟成了西洋人的不尋常。

屆中年的我，住都市的時間已多過鄉村，口味也被百貨公司與連鎖餐廳寵壞，舌頭越來越刁鑽。西餐與和食早就不新鮮，反倒嗜吃那多繞一個彎、經過轉化的口味，譬如：日本洋食。

炸豬排、咖哩飯、可樂餅，合稱「日本三大洋食」，此外還有炸肉餅、蛋包飯、拿坡里義大利麵（沒錯，這是日本的發明）等，皆為明治維新後從西方傳入日本，歷經在地化蛻變而成的日本洋食。就像拉麵源自中國，越洋到橫濱著根，進而擴展至全日本，再全球化流衍，成為東瀛現代飲食的代表之一。

台灣呢？我民國六十五（一九七六）年出生，被稱為六年級世代，也有屬於我們的「台式洋食」。

猶記得，小時候在電視電影裡才看得到牛排，金髮碧眼的洋人執起刀叉，優雅切塊品嚐著，那牛排好似E.T.搭著飛碟前來，是如此遙不可及。沒想到真有一天，我爸說要去牛排館，就在永遠熱鬧的文化路夜市入口。記得那天，我爸開裕隆汽車，載著全家，從民雄來到嘉義第一家牛排店：紅木西餐廳。

已忘了那時是否遵循台式牛排SOP，先來份玉米濃湯配沙拉？附加餐包？只記得一襲白襯衫黑西裝褲的服務生，問我牛排要幾分熟？

十分。如此這般回答，百分百的**庄跤俗（tsng-kha-sông，鄉巴佬）**。

初嚐牛排的滋味早忘了，只記得那是我的西方飲食初體驗，比麥當勞還早。後來，嘉義市開了家「神戶」，成為在地高檔牛排的象徵；又來了家「總督」，以裝潢豪華氣派著稱。深深記得，總督牛排館厚重大門一開，穿潔白禮服長得似凡爾賽玫瑰的服務生姊姊，優雅歡迎，嚇得我彎下腰去遮掩不合宜的短褲拖鞋。

我爸叼著菸不以為意地說：**「無要緊，免歹勢啦！」**（沒關係，別難為情！）就拉著我和弟弟大步邁進，吹著冷氣，圍上紙巾，學著左手拿刀、右手執叉，將沾滿濃醬的牛排送入口中。

這些曾經顯赫一時的高級牛排館，現都已消失於嘉義的地皮表面。同樣是洋食，台日脈絡不同，日本的炸豬排與咖哩飯，走向標準化、效率化、衛生化，得以向世界拓展，用細膩的SOP在各國的百貨公司與商業街道駐點。台式牛排則在島內飛入尋常夜市，帶著台灣人的生活智慧，開始廉價化、快速化、平民化。

台灣人的西式體驗往往從百貨公司開始，我讀國小的一九八〇年代，住高雄的姑姑帶我和弟弟到新崛江旁的大統百貨公司，吃鐵板燒。順著新奇的電扶梯降到地下樓，空間體驗已是奇特——鄉下哪有什麼地下室。更有趣的是，坐下後，竟然和料理師傅面對面，見他活生生、熱騰騰地在你眼前煎肉、炒菜、切塊，響亮的鐵鏟聲一聲又一聲，真是視、聽、味的三重享受。

那是我這輩子吃過最好吃的鐵板燒，滋味美不可喻，完食後，隨即直衝頂樓到遊樂園坐雲霄飛車。

一九九五年十月二十九日，那天是星期日，我從嘉義搭車到中山大學，在五福二路轉車時，遠遠望見大統百貨悶燒冒煙，慘遭祝融。後來百貨公司封閉，頂樓遊樂園也跟著荒廢了。鐵板燒則依循台式洋食的模式，持續蔓生，從都市至各鄉鎮扎根、開花，成為台灣常民的生活日常。

若要票選我們那年代的三大台式洋食，除了牛排與鐵板燒，再來是什麼呢？首先想到火烤兩吃的「可利亞餐廳」，不過那種邊煮火鍋、邊烤肉的台派饗宴，到二十一世紀也不再普及了。

又如深入大街小巷的「美而美」，已是當代台灣人的早餐日常。三明治配紅茶是最初的簡配，吐司切邊不切邊？紅茶小杯大杯？冰塊、甜度多少？還有濃濃的奶茶、蛋餅、蘿蔔糕，南部甚至煮鍋燒意麵。菜單越來越豐富，從早餐賣到午餐，成為無所不賣的台式餐館。卻在同時，排斥了傳統的早餐，如清粥醬菜、碗粿米糕、燒餅油條，拉長距離成為遙遠的鄉愁。

陌生人變成親近的家人，台式洋食，是我們這個世代的新台味。發展時間一久，我們的理所當然，竟成了西洋人的不尋常。我也是到歐美國家旅遊才知道，牛排是煎好才端上的，滋滋作響的過程多在廚房。

因台灣人嗜熱食，牛排隨鐵盤冒煙噴香上桌，貫徹了路邊攤的現場精神，這體驗還頗為鐵板燒。

台人不喜過度服務，總要留一點自助，將熱燙鐵板上的半熟蛋刮起，免得過焦，料理過程也納入享受美食的一環。醬有蘑菇與黑胡椒，也是台灣特有的，一方面掩蓋肉質貧弱，一方面用重口味來滿足慣習。

鐵板麵更絕，本來是用來代替台人吃不慣的馬鈴薯，作為鐵板牛排的佐配，後來竟成為獨立的品項。還進一步提早時段，與美而美合體，早餐也吃起鐵板麵，拌醬捲麵真是濃郁。滋滋滋簡直是打往宇宙的電波，E.T.若收到會冒出滿頭問號。

我的法國朋友安東，大學沒讀完就來東方冒險，從中國流浪到台灣，轉輾到了嘉義教英文，我們在補習班認識，興沖沖地請這位外國人吃牛排。點餐時，安東一再提醒服務生，甚至很生氣地說：No egg！不要加蛋！

安東懊惱地說，吃牛排在法國是高檔的大事，和廉價的蛋混在一起，實在**落漆（lak-tshat，遜掉了）**，讓他相當挫折。

外國人認為涇渭分明的事物，被台灣的庶民精神給抹消混融了。吾輩的飲食日常，貴賤煎於一盤的牛排，從餐館送入夜市的鐵板燒，加上跟你說早安的美而美，是台灣的本土三大洋食。

# 世紀之蛋謎團？

台灣人常配以白色豆腐，
圓方相對，黑白相生，
屎騷味混融清淡悠遠，同在一碟之內，
這就是台灣的世紀之蛋。

去過大阪的人都知道，梅田車站是座超級迷宮，有ＪＲ、私鐵、地鐵，加上百貨公司和飯店蝟集，地下層層挖掘，地面上架天橋，有時還得穿過大樓內部，非常複雜。

是以到大阪我採愚人政策，住車站西側梅三小路盡頭的飯店，這樣到ＪＲ搭車只需直直走就可到剪票口，比較不怕迷路。[1]

大阪和高雄有相似點，皆位於古都旁，大阪往北即千年京都，高雄則有府城相對，地理位置類似。這兩座靠海的工業風城市，較無傳統束縛，爽朗豪邁。此外，港都有許多溝渠與河川貫穿，搭起一座座的橋；大阪也是，是以許多地名以「橋」命名，你看那著名的高舉雙手運動員之Glico標誌，就位於心齋橋。

談到飲食，剛好相反。

台南小吃的確是很「恐怖」，店攤小巧陽春但滋味都在耍特技；京都或有悠遠的歷史氣息，味道比較淡。對我這吃貨而言，大阪的熱烈氛圍很有台式熱炒之過癮，這個我喜歡。

那回，大阪城登高（體會豐臣秀吉一統天下的豪志真的好累），走過古廟四天王寺（二戰時這兒被美軍炸得好慘），回飯店浸過燙得縮腳的小浴缸後，不小心睡過晚餐時間。醒來後精神振奮，決定來去居酒屋吃消夜，這是激烈的大阪之味！

氣溫十度以下，來到梅三小路美食街，橫拉門踏進居酒屋，雖非假日，氣氛已沸騰。

櫃台請我等一會兒，沒想到，就真的等了好大會兒，飢腸轆轆的我有點不耐了……此時，女服務生出現，帶我到吧台安座，拘謹有禮。

客從何處來？Taiwan。女服務生一聽立刻脫去制式禮儀，換來人情味，說她去過台灣四次，非常非常喜歡台灣，珍珠奶茶好好喝，台灣人超熱情，今年還要再去。

交流台灣熱，我用破爛的日語英語，她說日語夾雜華語。來居酒屋，當然要喝酒，今夜，我要喝日本酒，道地的日本酒精，請她推薦！

女服務生先安置透亮玻璃杯，純米大吟釀玄亮的藍色瓶身寫著毛筆字「梵艷」。只見她左手托底，右手扶握瓶頸，那姿態真如古畫之鯉躍，優雅地讓酒液緩緩傾下、傾下，轉眼間滿到了杯緣，竟任其溢出，順著杯緣的弧形曲線，流落底下的小托碟。

我直說「だめ！」女服務生笑盈盈將瓶身扶正，止住了溢流，請我好好享用，轉身離去。

端起猶濕潤著的杯身，那精萃米心、細細磨做的大吟釀，不辣舌不刺鼻，散發清新果香，酒體豔麗，入喉後的餘味，梵音湛定。

許是被熱烈的氣氛感染，酒菜美味極了。

女服務生端盤極勤快，上菜時我再問，印象最深刻的台灣食物是什麼？

沒有意外，她用日語拼出「小籠包」的華語。我順著問：會怕Stinky tofu嗎？

她掩嘴而笑，說對臭豆腐沒感覺，但，有樣食物讓她極畏懼，×××egg。

我一時聽不清楚她的英文，遂再問了一次，她連回三次，我還是不懂，索性將手機遞出去，直接用Google查詢。

Century egg。

皮蛋的英文是百年之蛋？世紀之蛋！那經時間長久浸潤，玄黑幽暗的模樣，竟被視為世紀謎團？

女服務生交雜英、日、華語說了一堆我聽不懂的形容，我腦海立刻浮現台灣島的日常景象：初看似弄髒的蛋殼，剝開後，是與水煮蛋迥異的全黑；切半，蛋心濃稠如黑色岩漿緩流，蛋仁分為綿密的心與鼠灰環帶，真是玄異。

更玄異的是，台灣人常配以白色豆腐，圓方相對，黑白相生，尿騷味混融清淡悠遠，同在一碟之內，再佐以醬油膏、肉鬆、海苔，這就是台灣的世紀之蛋。

腦中對故鄉食物的琢磨，很難對女服務生訴說，只好對著酒杯，遙想台灣的滋味。

醉眼迷濛中，瞥見酒杯下的小托碟，明亮蕩漾，日人重潔淨，徹底到連杯座都是。

欣喜這滿溢的氛圍，我對女服務生致敬，扣起手指，一口將小托碟中的酒液飲盡：

這梵艷的世紀之味啊！

1 梅三小路已改建為JR大阪站西口站體。

◎飲酒過量，有礙健康。

L0383
**台味飄撇：食好料的所在**
**作者／鄭順聰**

主　　編／蔡昀臻
封面、內頁繪圖／阮光民
封面設計／陳文德
美術編輯／丘銳致
行銷企劃／沈嘉悅
總 編 輯／黃靜宜

發 行 人／王榮文
出版發行／遠流出版事業股份有限公司
地址：104005 台北市中山北路一段11號13樓
電話：（02）2571-0297
傳真：（02）2571-0197
郵政劃撥：0189456-1
著作權顧問／蕭雄淋律師
輸出印刷／中原造像股份有限公司
2023年8月1日 初版一刷
2023年10月15日 初版二刷
定價380元


Printed in Taiwan
ISBN 978-626-361-179-5
遠流博識網 http://www.ylib.com E-mail: ylib@ylib.com

國家圖書館出版品預行編目(CIP)資料

台味飄撇：食好料的所在/鄭順聰著. -- 初版. -- 臺北市：
遠流出版事業股份有限公司, 2023.08
面；　公分
ISBN 978-626-361-179-5(平裝)
1.CST: 飲食風俗 2.CST: 文化 3.CST: 臺灣
538.7833　　112010356